Vivre sa passion !

Dans cette collection :

Amandine Henry, *Croire en ses rêves !*

Viviana Mazza, *GRETA La voix d'une génération*

Vivre sa passion !

Six filles dans la course du Vendée Globe

RAGEOT

vendéeglobe
Les Sables d'Olonne

Cet ouvrage a été imprimé sur un papier
issu de forêts gérées durablement,
de sources contrôlées.

Contribution rédactionnelle : Delphine Godard
Couverture et illustrations intérieures : Oriol Vidal
Mise en page : Graphicat

Photos de couverture : © Vincent Curutchet – IMOCA ; © Vincent Curutchet – BPCE ; © Eloi Stichelbaut – polaRYSE/Initiatives-Cœur ; © Richard Langdon – Ocean Images ; © Emmanuelle Delteil – Emma Production © Vincent Curutchet – IMOCA.

ISBN : 978-2-7002-7642-8

Six filles dans la course du Vendée Globe

Alexia Barrier

Clarisse Crémer

Samantha Davies

Pip Hare

Isabelle Joschke

Miranda Merron

La mer, mon équilibre

par Alexia Barrier

– Tu prends la barre, Alexia ?

– Super !

Comme tous les week-ends ou presque, je navigue avec mes parents et mon petit frère Cyril. Dans la famille, la mer est notre passion.

Depuis que mes parents ont déménagé à Nice et qu'ils ont acheté un voilier de six mètres (le *Pebre d'Ail*, ce qui veut dire « bouche d'ail » en provençal) avec des amis, nous naviguons beaucoup ensemble. La première fois que nous avons mis les pieds sur ce bateau, j'avais trois ans à peine et mon frère n'était qu'un bébé. Dès ce moment-là, le voilier a été mon terrain de jeu favori. Il me semblait immense. À l'avant, j'avais l'impression d'être une aventurière face aux vagues ; dans la cabine, je me sentais en sécurité comme dans une petite maison de Playmobil ; à l'arrière, c'est là que je rejoignais mes parents et mon frère, et que j'avais le droit de prendre la barre. Aujourd'hui je me demande comment on tenait tous sur ce bateau car nous y étions parfois nombreux.

Maintenant, j'ai grandi : j'ai douze ans et je connais le voilier comme ma poche ! Je peux tenir seule la barre, hisser les voiles, participer aux manœuvres.

Ce samedi de juin 1991, nous partons pique-niquer aux îles de Lérins depuis le port d'Antibes où est amarré notre bateau. Il y a bien sûr mon frère, mes parents et aussi leurs amis qui ont une fille de mon âge, Camilla. Je suis contente de la voir et de discuter avec elle en naviguant parce que mon frère m'énerve souvent et parfois les adultes m'ennuient.

Nous nous sommes levés tôt, nous avons préparé nos affaires et nous avons retrouvé nos amis au port. Le temps de tout charger sur le bateau et d'embarquer, il est 10 heures quand nous partons. Le ciel est bleu, le soleil tape déjà fort. Les parents sont à la manœuvre pour quitter le port en slalomant au moteur entre les bateaux. Rapidement, nous mettons les voiles !

Camilla et moi, nous ne nous voyons pas très souvent. Aussi, nous avons plein de choses à nous raconter sur notre année de sixième qui se termine. Elle s'est fait de nouveaux copains et copines. Elle me parle du club théâtre où elle est inscrite et d'une représentation qui approche.

– Dans le groupe, il y a un garçon de quatrième qui est trop beau ! Mais je n'ose pas lui parler. Et toi, tes activités ? Tu continues le basket ? Tu veux toujours devenir joueuse, Alexia ?

– Oui, énormément, mais…

– Mais quoi ?

Je regarde mes parents, tout près. Je baisse la voix.

– Je suis trop petite, je ne grandis plus beaucoup, alors je crois que je n'y arriverai pas.

– C'est pas grave ! Tu peux quand même continuer à jouer, non ?

– Oui, seulement je voulais devenir joueuse professionnelle… Ça m'étonnerait que ce soit possible. On en a discuté avec mes parents et ils sont de cet avis.

– T'inquiète pas, il y a plein d'autres sports ou activités que tu peux faire !

– Oui…

Je change de sujet. C'est un peu dur pour moi de parler de ça car le basket est ma grande passion, mais je sais déjà que je ne pourrai pas jouer à haut niveau et c'est très frustrant pour moi.

– Allez, viens, Camilla, on va voir si les parents ont besoin d'aide.

Mais tout roule sur le bateau. Les parents bavardent en barrant et en réglant les voiles. Mon frère observe l'horizon, les alentours, et il fait signe aux plaisanciers que nous croisons. La mer est belle et nous avançons dans un sillage d'écume. C'est si agréable de ne faire aucun bruit et de progresser grâce au vent : pas comme ces gros bateaux à moteur qui nous dépassent en crachant des gerbes d'eau.

Nous avançons vers l'île Sainte-Marguerite. Les îles de Lérins ne sont pas loin de la côte, pourtant, quel dépaysement ! La nature y est restée sauvage. L'île Sainte-Marguerite est couverte de grands eucalyptus, des arbres qui sentent si bon… J'adore leur odeur, elle est pour moi la promesse de ces week-ends paradisiaques. Sur cette île, il y a une forteresse mais cette fois-ci, on ne s'y arrête pas. Cap sur une autre île !

En face de l'île Sainte-Marguerite se trouve l'île Saint-Honorat. Elle est beaucoup plus petite. Elle a des forêts de pins et on apprécie ses plages de sable. Des moines habitent sur cette île. On ne peut pas s'y promener en maillot… sauf sur la plage, bien sûr !

On mouille au large d'une crique de sable. Camilla et moi sommes chargées de nous occuper de l'ancre : on laisse descendre la chaîne jusqu'à ce qu'elle s'accroche au fond. Le bateau fait un petit bond avant de s'immobiliser. On affale les voiles, on monte tous dans le canot et on rame jusqu'à la plage. Le soleil est très chaud.

Juste avant d'accoster, Camilla, mon frère et moi nous nous faisons un petit signe et sautons à l'eau d'un coup ! Le canot tangue dans tous les sens et les parents, éclaboussés, poussent des cris. C'est notre rituel, à chaque fois que nous débarquons ici… Après s'être occupés du canot, les adultes nous rejoignent pour se baigner à leur tour. Mon frère a pris ses palmes, son masque et son tuba. Il nage lentement le long des rochers et nous fait signe dès qu'il aperçoit des poissons dans l'eau claire.

Les parents remontent sur la plage et nous appellent bientôt pour le pique-nique. Nous les rejoignons, dégoulinant et riant, pour nous sécher et déjeuner. Au menu, du melon frais et des sandwichs. Miam ! Après le repas, on s'allonge au soleil… Camilla et moi nous nous éloignons un peu pour discuter tout bas. Elle me parle encore de ce garçon du théâtre : décidément, elle pense beaucoup à lui. Mon frère vient nous chercher. Quel curieux ! Nous le chassons une ou deux fois puis nous finissons par céder et jouer avec lui à cache-cache tout en découvrant les abords de la plage. On se prend pour des explorateurs sur une île déserte…

Après un bon moment de jeux sur le sable et au bord de l'eau, c'est bientôt l'heure de rentrer. On retourne sur le bateau qui nous attend tranquillement, toujours à l'ancre. Camilla et moi nous sommes chargées de la remonter à bord ; c'est plus difficile que de la laisser filer : oh, hisse ! Nous remontons les voiles et nous repartons en direction du port d'Antibes. Mais d'énormes nuages sont apparus dans le ciel… Ils masquent le soleil. Le vent s'est brutalement rafraîchi.

– On va peut-être avoir un petit coup de vent, annonce mon père.

Il me fait un clin d'œil :

– Tu prends la barre, Alexia ?

– Top !

– Tu n'as pas peur de l'averse ?

– Peur, moi ?

Je tiens fermement la barre dans ma main. Si je la tire vers moi, le voilier va à droite, c'est-à-dire à tribord, et si je la pousse à gauche, à bâbord. Je regarde bien devant moi pour tenir le cap.

Au fil des minutes, le vent forcit. De plus en plus. Des gouttes de pluie commencent à tomber dru. Les parents de Camilla, mon frère et ma mère rentrent s'abriter dans la cabine. Camilla reste à côté de moi avec mon père. Celui-ci lui propose la barre, mais elle secoue la tête.

Puis elle dit d'une petite voix :

– Je préfère rentrer, moi aussi.

Le bateau gîte. Camilla pousse un cri : elle a glissé sur le pont en voulant se diriger vers la cabine et elle est tombée. Mon père l'aide à se relever et à se mettre à l'abri tandis que je continue à barrer. Mes cheveux s'envolent, les gouttes dégoulinent sur mon visage, les voiles claquent, mais je suis bien… Je souris.

Et c'est là que je les vois ! D'abord une nageoire qui apparaît à la surface, puis une autre. Des dauphins ! Ils nagent près du bateau, comme s'ils voulaient m'accompagner et me montrer le chemin. Youpi ! Je saute de joie sur place, tout en tenant la barre bien sûr.

J'appelle tout le monde :

– Venez vite ! Des dauphins !

Aussitôt mon frère bondit sur le pont avec ses jumelles. Camilla et les adultes le suivent. Le vent retombe, le grain se calme et un arc-en-ciel apparaît alors que les dauphins continuent de nager et plonger devant le bateau. C'est magique !

Nous rentrons sans encombre au port. Dans la voiture qui me ramène à la maison, je somnole, bien fatiguée par cette journée, en me remémorant tous ces bons moments. Je sens encore la caresse du vent et du soleil sur moi. J'adore la voile... j'aimerais en faire plus souvent.

Quelques jours plus tard, en regardant la télé, je tombe par hasard sur une émission consacrée au premier Vendée Globe de 1989, cette course en solitaire autour du monde. Il y avait treize bateaux au départ, sept seulement ont franchi la ligne d'arrivée. C'est Titouan Lamazou qui a remporté la compétition. Devant ces images, je me dis que moi aussi, un jour, je ferai le tour du monde en solitaire. Mais cette fois, je décide de n'en parler à personne. Je ne veux pas que l'on me décourage à nouveau, comme pour le basket. Cela devient mon rêve secret : « Un jour, je participerai à mon tour à cette course » !

Au fil des années je continue à naviguer, surtout avec mon père. À cette époque, il loue des bateaux pour participer à des courses interentreprises (il travaille chez Air France) et il nous emmène parfois avec lui. Ma mère fait à l'occasion partie de l'aventure. C'est génial!

À quinze ans, je m'inscris à l'école de voile d'Antibes pour faire du dériveur, mais une fois encore j'ai un problème de gabarit. Je ne me décourage pas et je passe au Match Racing, qui est plus adapté à ma morphologie. C'est une forme particulière de régate qui oppose, à armes égales, un bateau contre un autre : un duel sur mer, quoi! Et ça marche bien. Très bien, même. Je gagne à tous les coups...

Les années passent. J'entreprends des études de management du sport tout en ayant une activité professionnelle. Parallèlement, je poursuis la voile en équipe. Mais je finis par m'en lasser car tous les membres de l'équipe ne partagent pas ma motivation. Certaines veulent fonder une famille, avoir un enfant, d'autres ont des ambitions professionnelles et une opportunité de job… Et même si je déborde d'énergie, je ne peux pas tout faire !

Un jour d'automne, tout change. Je me rends aux Voiles de Saint-Tropez. C'est un événement sportif qui se déroule dans le golfe de Saint-Tropez, durant une semaine environ, à la fin de l'automne : de multiples régates opposent des équipes. Je m'adresse à un marin pour lui dire que je voudrais participer aux régates, mais il me décourage aussitôt. Une fille, pppfff ! Je serai juste bonne à préparer les sandwichs pour l'équipage. Décidément… Je suis piquée au vif ! Cela me fait comprendre que je dois créer mon propre projet. Puisque c'est comme ça, je ferai une transat en solitaire.

Mais pour cela, il me faut trouver un sponsor. J'en trouve un ! Il me permet de participer, à l'âge de vingt-quatre ans, à la Transat 6,50, une course transatlantique en solitaire qui relie La Rochelle à Salvador de Bahia, au Brésil. C'est une transat de haut niveau à laquelle on peut s'inscrire sans disposer d'un énorme budget et la meilleure école pour se former à la course au large... Je n'en dis pas un mot à mes parents. Je crains une fois encore qu'ils me découragent ou me traitent de folle ! J'achète mon bateau d'occasion, je construis moi-même mon mât et ma bôme avec l'aide d'un ami surnommé Pikachu, et je prends enfin le départ.

La compétition n'est pas de tout repos. Je casse, je répare, je dois résoudre de sérieux problèmes de pilote automatique et surtout je dors très peu, trop peu et... cela me cause des hallucinations visuelles. Par exemple, en pleine mer, je distingue un parking avec des voitures aux phares allumés et des gens qui me font « coucou » ! Il faut vraiment que j'apprenne à récupérer physiquement et à mieux gérer mon sommeil. Malgré tout, je finis 16e sur 80 concurrents. Je suis hyper contente.

Cette course me permet de savoir avec certitude que c'est en mer que je trouve mon équilibre.

Naviguer me permet à la fois de satisfaire mon goût pour la compétition et mon appétit de liberté. Je sais aussi que j'ai du talent pour ça car je progresse très vite. Et surtout, je me donnerai tous les moyens pour y arriver.

Il est temps pour moi de devenir professionnelle. J'ai la chance de pouvoir naviguer sur des bateaux de trente-cinq mètres avec les meilleurs : Florence Arthaud, Luc Poupon, Dennis Conner. Tous m'apprennent beaucoup de choses. Et grâce à eux, j'obtiens des postes intéressants, ce qui n'est pas toujours évident pour une femme. Avec Dennis par exemple, je suis la seule équipière payée à bord, en charge du réglage des voiles. Ça met bien la pression !

Après cette fameuse transat en 2005, je me trouve à Salvador de Bahia quand arrivent au port les bateaux de la célèbre Transat Jacques-Vabre. Les concurrents de cette course ne font pas la route du retour ; des équipages sont spécialement embauchés pour cela et ramener les voiliers à leur port d'attache, pour ma part le port de Lorient. Et c'est ainsi qu'avec deux équipiers, j'ai le privilège de monter à bord d'un bateau de dix-huit mètres, un IMOCA[1] ! J'apprends énormément au cours de ces trois semaines de voyage retour.

En 2006, je fais la Transat AG2R Lorient-Saint-Barthélemy avec Sam Davies, une très grande navigatrice. Notre bateau est un dix-mètres. Depuis, chaque année, je participe à une ou deux courses.

En 2014, je monte sur le podium de la Transat AG2R en terminant à la troisième place. C'est une immense satisfaction, un pur bonheur. D'autant que j'étais outsider, que j'avais un petit budget et que mon co-skipper Laurent Pelecuer et moi, on avait navigué ensemble en tout et pour tout deux heures seulement avant de prendre le départ.

1. IMOCA : catégorie de voiliers de course océanique de grande technologie.

Ce résultat me décide à acheter un bateau pour pouvoir faire la Route du Rhum et la Transat Jacques-Vabre, avec l'espoir de participer après au Vendée Globe. Cela exige beaucoup d'investissements, beaucoup d'argent, sans l'aide d'un sponsor. Heureusement, des amis me proposent leur aide financière. Et c'est comme ça que j'arrive à acheter mon bateau, d'occasion : *Le Pingouin/4myplanet*. Certes, c'est le plus vieux bateau à prendre le départ, mais ce que je veux à tout prix, c'est participer. On a du mal à imaginer le défi que cela représente de figurer sur la ligne de départ. *Le Pingouin* est un bon bateau, super solide, un château fort en quelque sorte. Il a fait quatre Vendée Globe, six tours du monde… et il revient toujours à bon port !

Pour me préparer aux compétitions, j'ai une toute petite équipe (quatre personnes en tout), la plus petite équipe. Je suis le petit Poucet de la classe IMOCA ! Mais ce que je sais, c'est que je ne veux rien regretter et me donner à fond.

J'adore la sensation de me dépasser. Cela m'emplit de bonnes émotions. C'est un pari avec soi-même que l'on partage aussi avec son équipe, c'est génial !

Le Vendée Globe est certainement la dernière des grandes aventures humaines. On est vraiment tout seul face aux éléments. Il y a aussi plein d'instants magiques, qui procurent un incroyable sentiment de plénitude. On voit des lumières inouïes, notamment au lever du soleil, on croise des animaux marins, des dauphins, des poissons volants, des baleines, des raies manta, parfois des requins. Quantité d'oiseaux marins nous accompagnent... C'est magique. Je redeviens une petite fille quand j'en vois.

Comme quand j'étais plus jeune, il m'arrive de sauter sur le pont quand je navigue avec les dauphins. Je leur chante des chansons, seulement ils n'ont pas l'air sensibles à mes vocalises, sans doute parce que je chante comme une casserole !

En février 2009, je crée l'association 4myplanet (« 4 » se lit « for », et en anglais « for » signifie « pour ». Autrement dit, il faut comprendre : « Pour ma planète »). Cette association vise à aider à protéger les mers et les océans. J'équipe mon bateau de capteurs et d'instruments de mesure pour collecter des données scientifiques qui seront analysées par des chercheurs sur le climat, ce climat qui est au cœur de nos préoccupations. Sans océans en bonne santé, il n'y a pas de vie possible sur Terre, c'est terriblement simple !

Nous jetons à l'eau un flotteur Argo (un instrument de mesure) : il va dériver sur des mers peu connues pendant plusieurs années pour collecter un maximum de données. Je communique aux chercheurs toutes mes observations sur les bancs de poissons, les mammifères marins, les oiseaux que je croise, mais aussi sur la pollution marine et les déchets. Hélas, ces derniers sont de plus en plus nombreux, cela se voit à l'œil nu. Quand je navigue, je sais que j'approche des côtes dès que je distingue, à la surface de l'eau, toutes sortes de déchets qui ne peuvent provenir que de la terre ferme et de l'action des hommes. Grâce à mon association 4myplanet, je veux dire aux enfants que la planète leur appartient. Il ne faut pas la laisser se dégrader. Et pour cela, on peut agir !

Je voudrais aussi transmettre aux jeunes générations l'idée que rien n'est impossible : il ne faut jamais se décourager ou se laisser décourager. C'est à force d'obstination et de travail que j'avance. Il est vrai que mes parents et mon frère m'ont beaucoup soutenue et m'ont aidée à acquérir de la confiance en moi. Je pense souvent à mon enfance et à mes sorties sur la Méditerranée qui m'ont donné envie de naviguer !

Tu peux suivre l'actualité de l'association 4myplanet sur Internet.

Alexia Barrier

2019, Transat Jacques-Vabre, 25e.

2019, Bermudes 1000 Race, 14e.

2018, Route du Rhum, destination Guadeloupe, 15e.

2017, Tour Voile – Pink lady.

2017, Solitaire du Figaro, 35e.

2016, Vice-championne d'Europe de 6mJI.

2014, Transat AG2R-La Mondiale, 3e.

2010, IMOCA, Première femme à tenter un tour du monde en solitaire au profit de la science et de l'éducation.

2007, Record du Tour des Îles Britanniques, équipage féminin.

Son association 4myplanet conjugue course au large et préservation des océans.

© Xavier Giraud

De la régate à la transat

D'après un entretien
avec Clarisse Crémer

Le départ

L'aventure commence en mai 2005. Clarisse a seize ans et est en Première. En ce début de week-end de l'Ascension, avec Sarah, Alice, Véronique, Ségolène et Audrey, ses amies du lycée, elle part pour la Bretagne, direction la baie de Quiberon, retrouver un bateau, le *Madeleine Danielou* – le nom de leur établissement – qui les attend au port de La Trinité-sur-Mer. Elles vont participer aux régates du Trophée des lycées. Cette manifestation est réservée aux lycéens qui concourent pendant un week-end sur des bateaux identiques : des First Class 8, des bateaux de neuf mètres de long. Mais leur équipage a une particularité : il est exclusivement féminin !

Les six filles sont de très bonnes amies, toutefois leur niveau en voile n'est pas exceptionnel : leur skippeuse est la seule à avoir déjà fait de la régate en voile légère ! Mais toutes, elles adorent la mer et le bateau.

Clarisse, bien qu'elle ait grandi et vive en région parisienne, passe tous ses étés au bord de l'eau, à Jersey (une île anglo-normande), à Carnac et à Toulon, et elle fait toujours un stage de voile en août, depuis qu'elle a six-sept ans. Elle est très sportive, elle pratique l'athlétisme depuis le CP et aime la compétition.

Elle adore se lancer des défis, les dépasser, peut-être parce qu'elle a trois grands frères et sœurs et qu'elle veut tout faire comme eux !

En tout cas, ce Trophée des lycées est un défi de taille pour elle et pour toute l'équipe.

Un projet qui se réalise

C'est l'aboutissement d'un projet qu'elles mènent depuis un an déjà en grande autonomie ! Le projet est d'abord sportif puisqu'elles ont fait deux stages de voile d'une semaine : au Havre pendant les vacances de février, puis à l'école nationale de voile à Quiberon à Pâques.

C'est un projet qui a également nécessité de s'organiser et de récolter des fonds, notamment pour la location du bateau. Elles ont obtenu des aides du département des Hauts-de-Seine et aussi un petit coup de pouce de l'entreprise du père de Clarisse. Les stages ont ainsi été payés par le département et les filles se sont débrouillées pour le transport et l'hébergement.

Cette fois, elles approchent du but et sont impatientes d'arriver en Bretagne !

Préparation et réglages

Elles arrivent à La Trinité-sur-Mer où elles sont logées par les parents d'une fille de leur lycée. Quelques jours en toute liberté quand on a seize ans : c'est agréable de se sentir autonome !

Elles font une première sortie pour effectuer quelques réglages lors d'un petit tour en mer car c'est la première fois qu'elles naviguent sur ce bateau. Clarisse est numéro 1, ce qui veut dire qu'elle s'occupe des voiles d'avant. Véronique, Sarah et Alice sont à bord avec elle, Ségolène et Audrey sont restées à terre.

Pendant leurs stages, elles se sont entraînées sur un bateau similaire, par exemple à prendre le départ, ce qui est assez délicat sur une régate : c'est vraiment important de bien se classer pour le reste de la course mais si on part trop tôt, on risque d'avoir des pénalités. Et il faut éviter les collisions avec les nombreux autres bateaux – plus d'une cinquantaine sur cette course !

Lors du stage au Havre, elles ont vécu une avarie de taille : les filières (barrières anti-chute) qui entourent le bateau ont cassé et leur skippeuse est tombée à l'eau ! Heureusement qu'il y avait des zodiacs d'entraînement pour venir à son secours ! Cette expérience du danger les a soudées.

Elles ont bien conscience d'être moins entraînées que les équipages des lycées maritimes qui naviguent chaque week-end… Leur objectif : ne pas finir à la dernière place.

Les courses

C'est le grand départ ! Il y a plusieurs régates qui se déroulent lors de ces trois jours de navigation et de fête. Les bateaux s'élancent, se coursent, toutes voiles dehors ! Et à bord, chacun donne toute son énergie pour se surpasser et dépasser les autres bateaux.

Les autres équipages sont composés de pas mal de garçons, il y a quelques équipages mixtes et d'autres équipages entièrement féminins, comme

le leur. Une petite compétition interne se joue entre les équipages féminins, mais certains sont très forts et accèdent aux premières places du classement.

Clarisse et ses amies, elles, comptent plutôt leur place à partir de la fin que du début, en fonction du nombre de bateaux derrière elles. Au fil des courses, elles s'améliorent et remontent dans le classement. À leur plus grande joie !

Les soirées

Sur les pontons, des filles et des garçons qui viennent de toute la France sympathisent. Il y a un petit village à terre, avec des sponsors, des stands et des animations, une réplique en miniature de ce qui se pratique lors des grandes courses comme le Vendée Globe. Le soir, les repas sont pris avec tous les équipages, sous un grand chapiteau. Être entre copines pour un long week-end de bateau, c'est aussi rigoler ensemble, discuter sur la plage, la nuit, en toute liberté. Se coucher tard mais pas trop car il faut être en forme pour les courses, quand même !

La révélation d'une passion

Clarisse adore l'ambiance, la dépense d'énergie que cela représente de participer à cette course. Elle se rend compte que cette atmosphère lui plaît, qu'elle aime la régate et y apprend plein de choses.

De retour au lycée, les liens se renforcent entre les équipières qui sont fières d'avoir participé à la course. Elles qui étaient déjà amies deviennent très proches.

Cette course est un véritable déclic pour Clarisse. Sans celle-ci, elle ne serait pas inscrite au club de voile de son école de commerce, plus tard, ce qui la conduira à en faire son métier. Cette course marque le début de toute l'aventure ! Son amour de la voile ne fait que grandir depuis cet épisode fondateur du Trophée des lycées.

La suite de l'aventure...

L'année suivante, Clarisse passe son bac scientifique. Elle adore les maths et l'histoire, et elle ne sait pas très bien ce qu'elle veut faire dans la vie. Comme elle est bonne élève, elle s'inscrit en classe préparatoire aux écoles de commerce. Elle réussit le concours d'entrée à HEC et elle se retrouve donc sur le campus de l'école.

En première année, elle fait du rugby et, bien sûr, de la voile. Elle participe à des courses étudiantes comme le Tour de France à la voile, une très belle course où les participants relient chaque année, au mois de juillet, la mer du Nord à la côte d'Azur. Comme pour le Trophée des lycées, tous les équipages naviguent sur le même type de bateau et la course récompense donc le meilleur équipage.

À HEC, elle est la responsable « voile » de l'Association Rêve d'enfance, qui propose des activités et des sorties à des enfants de six à dix-huit ans, atteints de cancers, pour les faire rêver et les aider à mieux lutter contre la maladie. Les étudiants leur rendent visite deux fois par mois à l'hôpital Trousseau à Paris, afin de les distraire et de leur permettre de s'évader de temps en temps du monde hospitalier. Ils organisent des sorties ou des week-ends avec eux et surtout, en juin, une croisière en Corse pour les enfants en phase de rémission. Il y a du personnel à bord pour aider, des skippers, une équipe médicale. C'est vraiment top. Et c'est comme ça que Clarisse rencontre celui qui va devenir son fiancé, Tanguy Le Turquais, un skipper professionnel. Il lui fait découvrir la course au large… une autre révélation !

Clarisse termine ses études, sans oublier la voile pour autant. En 2013, quand elle obtient son diplôme, elle crée une entreprise avec son frère, un site internet qui permet de réserver des séjours sportifs en pleine nature. Elle y travaille à fond tout en faisant des allers et retours le week-end en Bretagne pour voir Tanguy. Mais ce travail à un rythme effréné, et ce besoin irrépressible de grand air, la conduisent au bout de deux ans à aspirer à autre chose.

Un beau jour, elle décide de changer de vie.

Clarisse s'installe en Bretagne à Locmiquélic, une petite ville du Morbihan totalement tournée vers la mer. Cette ville ne compte pas moins de deux ports et des pontons où viennent accoster les bateaux de plaisance. Elle a de plus en plus envie de naviguer. Tanguy a fait les Mini-Transat 2013 et 2015 (une course transatlantique en solitaire et sans assistance à bord de tout petits voiliers de 6,50 m). Elle décide de participer à celle de 2017. « Si lui l'a fait, pourquoi pas moi ?! », se dit-elle.

Elle veut juste réaliser le rêve d'une vie, sans imaginer devenir professionnelle.

Elle achète son bateau *Pile poil* en décembre 2015 et après, elle participe à plusieurs courses obligatoires pour pouvoir s'inscrire à la Mini-Transat. Elle effectue ses premières navigations en solitaire, elle passe ses premières nuits à bord en solitaire… Toute une aventure !

Puis elle enchaîne les courses. En juin 2016, elle court sa première Mini-Fastnet, une course en double. Et en septembre, la duo Concarneau sur son *Pile Poil*, une petite course qualificative, avec Armand de Jacquelot. Tous les deux terminent 2e ex-æquo ! Pas très concentrés au début de la régate, ils n'ont pas pris un très beau départ. Lors de la remise des prix, ils reçoivent le prix du « départ le plus moche » : leur trophée est un sablier ! Heureusement pour eux, ils ont vite rattrapé leur erreur et le temps perdu en se donnant à fond juste après, ce qui leur a permis de finir en tête.

En juin 2017, Clarisse remporte, avec Erwan Le Draoulec, la Mini-Fastnet. Puis en août, elle gagne en solitaire la Transgascogne. Au terme de ces saisons, elle est qualifiée pour la Mini-Transat 2017 ! Une première victoire…

En octobre, quand elle prend le départ de la Mini-Transat sur son bateau *Pile Poil*, elle sent bien qu'on doute autour d'elle. Va-t-elle être à la hauteur ?

La compétition se déroule en deux étapes. La première relie La Rochelle aux Canaries, la seconde les Canaries à la Martinique (soit quinze jours pour elle). Les participants ne disposent d'aucun moyen de communication à bord, sinon une radio qui permet de se parler entre navigateurs si les bateaux ne sont pas trop loin l'un de l'autre. Clarisse passe plus de six jours sans parler à personne, une expérience rare aujourd'hui. Et elle arrive troisième de la première étape, deuxième de la seconde.

Après 14 jours, 23 heures et 7 minutes de course, elle franchit la ligne d'arrivée en se classant deuxième en Série. Elle pleure de joie toute la nuit ! Elle est si heureuse d'être arrivée et d'avoir accompli cet exploit…

C'est sa première transat en solitaire, une révélation. C'est une performance physique car sur le bateau, on dort très peu, on ne parle pas. C'est très physique, on ne contrôle rien, surtout pas la météo ; la nuit on ne voit pas les nuages arriver avec du vent plus fort. Il peut y avoir des avaries techniques, il faut savoir lâcher prise, ne jamais craquer. Et si l'on a envie de pleurer, on est tout seul pour se réconforter. La transat en solitaire est une expérience psychologique et humaine extraordinaire. On apprend à compter sur soi-même, on découvre qu'on est plus solide que ce qu'on imaginait au départ.

Cette course est particulière parce que les concurrents ont des profils très variés. Il n'y a pas de professionnels. Personne n'a de gros budget, chacun est seul à gérer son projet, mais les concurrents s'entraident beaucoup. Ils partagent leurs savoirs et leurs expériences, ce sont des moments très enrichissants.

Parallèlement à la compétition, Clarisse continue de travailler en indépendante sans savoir encore ce qu'elle veut faire. Après cette course, il est temps pour elle d'y réfléchir sérieusement...

Elle se lance dans un nouveau projet, une transat en double, la AG2R (Concarneau-Saint-Barthélemy aux Antilles), en décembre 2017, avec son compagnon Tanguy sur un Figaro (un voilier un peu plus grand). Tous deux terminent la course mais à cause d'une avarie, ils ne sont pas très bien classés.

En septembre 2018, sa décision est prise. Clarisse va devenir professionnelle ! Elle participe à La Solitaire du Figaro, une course au large en solitaire qui voit s'affronter sur un même type de bateau de grands navigateurs et des amateurs. C'est une course très prisée. Elle arrive 29e sur 47, ce qui est formidable pour une première participation !

La même année, à sa grande surprise, le sponsor Team Banque Populaire lui propose un bateau Imoca : le *Banque Populaire X*. Il s'agit du bateau (à l'époque il s'appelait le *Macif*) à la barre duquel François Gabart, un très grand navigateur, a remporté le Vendée Globe 2012-2013 et battu un nouveau record. De plus, son sponsor la confie à un formateur de renom : Armel Le Cléac'h. Il a remporté le Vendée Globe en 2017 sur son *Banque Populaire VIII* en battant le record de François Gabart…

C'est un vrai défi que le Vendée Globe 2020, et Clarisse espère bien le relever, c'est-à-dire finir la course, boucler cet extraordinaire tour du monde en solitaire ! Ce n'est pas rien de se lancer à la barre d'un tel bateau. Il faut observer une rigueur de tous les instants. Dans les mers du sud, on est vraiment tout seul. Alors elle se met la pression ! Car elle ne veut rien regretter. Elle a envie d'être à l'aise en mer, elle a une liste infinie de choses à apprendre, mais elle adore apprendre et elle apprend vite. Il y a une part de peur, bien sûr, dans cette course mais c'est ça qui est excitant, qui fait que c'est une véritable aventure et qu'elle a tant envie d'y participer....

Clarisse a parcouru un long chemin depuis cette première régate lycéenne à La Trinité-sur-Mer mais c'est cette course qui a tout déclenché. Et comme pour le Trophée des lycées, au Vendée Globe l'important est de participer et d'aller jusqu'au bout de cette incroyable aventure. Un immense défi qu'elle a hâte de relever !

Clarisse Crémer

© Y.Zedda – BPCE

2020, Vendée-Arctique–Les Sables d'Olonne, 12e.

2019, Transat Jacques-Vabre, 6e.

Fastnet Race, 3e.

Solitaire du Figaro, 29e.

2018, Mini-Fastnet, 3e.

Transat AG2R, 14e.

2017, Championnat de France Espoir, 2e.

Transgascogne, 1ère.

Mini-Transat, 2e.

Mini-Fastnet, 1ère.

2016, Championnat de France Espoir, 7e.

© J.Lecaudey – BPCE

La passion de l'eau

par Samantha Davies

Je suis née le 23 août 1974, à Portsmouth en Grande-Bretagne. Je m'appelle Samantha mais je préfère de loin Sam ! Dans ma famille, on a la mer dans le sang depuis des générations. Du côté paternel, mon grand-père a commandé un sous-marin pendant la Seconde guerre mondiale, et mon grand-père maternel pilotait des bateaux de course.

J'ai quasiment appris à naviguer avant de savoir marcher. Quelques jours à peine après ma naissance, mes parents m'ont emmenée avec eux sur le *Jennifer Mary*, histoire de changer un peu d'air pendant le week-end. Ils ont toujours eu des bateaux, à moteur et à voile. Le *Jennifer Mary* a été remplacé par le *Samantha Clare*, puis par le *Debbie*, à mesure que leur famille s'est agrandie.

Cette passion pour la navigation dirige leur existence. Elle a eu des conséquences incroyables sur mes choix de vie – à la fois pour le sport, la compétition, mais aussi pour les lieux où j'habite. Il m'est impossible de vivre loin de l'eau. Il me faut un horizon ouvert, des embruns, de l'écume et des tempêtes pour être heureuse.

Enfant, j'ai une scolarité classique, ma petite sœur Debbie également. Elle a sept ans de moins que moi et je suis pour elle une sorte de modèle, plutôt remuant ! Nous nous entendons bien. Nous vivons sur une petite île au sud de l'Angleterre, Hayling Island.

Nos parents nous ont inscrites dans un établissement privé. Notre vie ressemble à celle de millions de petits Britanniques. Mais l'été, tout change ! Car chaque année, durant un mois, nous faisons une croisière. C'est très inhabituel dans les années quatre-vingts et la plupart de mes camarades de classe m'envient. Je la prépare des semaines à l'avance, avec mes parents. Je fais la liste des vêtements et des jouets que j'emporte, je sors mon sac marin de l'armoire, je sélectionne les romans qui vont m'accompagner. Puis le grand jour arrive, enfin ! Nous embarquons pour le golfe du Morbihan ou les côtes d'Armor, voire Ouessant, Belle-Île-en-Mer, Groix, Houat ou les îles anglo-normandes. C'est le vent qui décide de notre direction.

Mes parents me laissent beaucoup de liberté à bord. Ma mère m'apprend à barrer, à manœuvrer

et à cuisiner par tous les temps. Comme je peux aller me coucher à l'heure qui me plaît, je passe pas mal de nuits à la belle étoile, à rêver devant la surface argentée de l'eau ou à imaginer le bateau que j'aurai quand je serai adulte. S'il y a un grain, si l'orage et les éclairs éclatent, si d'énormes vagues tapent contre la coque du bateau, je n'ai pas peur. Je ne sais pas pourquoi : je suis consciente des dangers de l'océan et mes parents m'ont appris à respecter, dès mon plus jeune âge, les consignes de sécurité sur un bateau. Le fait est que je suis rarement impressionnée par le mauvais temps et l'imprévu. Mon caractère me porte toujours vers l'aventure !

L'été de mes quinze ans, cette croisière familiale prend une autre tournure. Dans les mouillages de l'île de Houat en Bretagne, nous sympathisons avec une famille dont les enfants ont à peu près le même âge que ma sœur et moi. Il y a Claire, qui devient immédiatement mon amie ; Sarah, Ian et Duncan, que je trouve irrésistible.

Le soir, nous faisons du feu sur la plage, nous jouons de la guitare et nous chantons. J'adore ces moments. Et plus encore celui où nos parents laissent à tous les enfants un des deux voiliers afin que nous naviguions tout seuls – mais près d'eux. Duncan sait tout faire sur un bateau et dans l'eau : je le suis en plongée libre, je pêche des coquillages et des crabes, je voudrais que l'été ne s'arrête jamais…

Un peu plus tard, la passion pour la voile me conduit à faire du dériveur. Comme j'ai de bons résultats scolaires, mes parents m'en achètent un ! Je m'inscris aussi dans un club de natation où je rencontre Naomi. Elle est un peu plus âgée que moi et elle m'apprend autant les virements de bord qu'à ne pas redouter les grandes vagues.

À seize ans, j'entre au lycée à Portsmouth, de l'autre côté de la baie. Tôt le matin, je saute sur mon vélo et je dévale les rues pour attraper le premier ferry. Il prend la mer par tous les temps, je n'ai aucune excuse pour rater les cours…

Je suis élève à la Portsmouth High School, une vénérable institution privée où tous les lycéens portent l'uniforme. Je n'échappe pas à la jupe longue et au veston bordeaux… Je déteste!

Je m'inscris au Hayling Island Sailing Club, à la pointe sud de l'île. Ma timidité s'estompe peu à peu; la compétition m'amuse. Je me donne des défis, je gagne quelques coupes. Pour moi, le plus important est de ne pas chavirer. Je joue avec l'eau et les éléments, j'adore me tenir hors du bateau, sentir la force du vent!

J'ai une deuxième passion : la natation synchronisée. J'ai appris à nager à l'âge de deux ans. J'ai participé à des compétitions d'endurance, exploré l'apnée, gagné des diplômes sur différentes distances et dans différentes nages. L'eau m'est aussi essentielle que l'air. J'aime regarder les ballets aquatiques. Alors j'ai l'idée de m'inscrire à un club de natation synchronisée. Si vous croyez qu'il s'agit de faire quelques mouvements de danse dans l'eau, vous vous trompez ! Cette discipline est très dure. Elle requiert une forme physique hors du commun, un entraînement régulier et beaucoup de complicité avec ses partenaires. Au début, j'ai du mal à m'intégrer dans l'équipe, l'entraîneur est très exigeant, parfois je craque... Mais je m'accroche.

J'adore cette discipline qui conjugue la perfection musculaire, respiratoire et artistique. Comme sur un bateau, il faut être très concentrée. Je travaille ma vitesse et mon endurance à l'entraînement. Dès que les premières notes de musique retentissent, j'ai toute la choré dans ma tête.

Pendant sept ans, jusqu'à mes dix-huit ans, j'évolue dans le groupe de natation synchronisée. Ce sont de chouettes années pour les copines et pour moi ! Mon amie Naomi fait partie de l'aventure. Nous évoluons en sélection régionale. Je m'entraîne tous les soirs après l'école. Ma petite sœur Debbie aussi, qui est bien plus douée que moi et gagne toutes ses compétitions ou presque !

Mais je ne peux pas tout faire… Alors je décide de laisser tomber la piscine pour ma grande passion, la voile. Je participe à des régates, à des courses. Je crois que la course au large correspond à ma personnalité ; je suis tacticienne et je n'hésite pas à laisser filer quelques concurrents pour mieux les dépasser juste avant la ligne d'arrivée !

Un peu après, il est temps pour moi de choisir mon orientation : je vais suivre un Master d'Ingénieur Mécanique à Cambridge, pour devenir architecte navale ou ingénieure maritime.

J'appréhende de devoir naviguer beaucoup moins. Mais c'est le prix à payer pour être admise en génie mécanique à St. John. Mon goût pour les mathématiques est toujours aussi fort, il me permet de tenir… en pensant sans cesse au jour où je pourrai partir à l'aventure.

Je sors de cette école avec mon diplôme d'ingénieure. Mais je n'oublie pas la mer… Et, plutôt que de devenir ingénieure navale, je préfère me consacrer à la navigation. À vingt-trois ans, je participe au trophée Jules-Verne avec un équipage féminin conduit par la navigatrice Tracy Edwards. Tracy m'a beaucoup inspirée quand j'étais plus jeune. Même si nous n'arrivons pas à finir ce tour du monde, je comprends alors que la voile est non seulement ma passion, mais que je veux aussi en faire mon métier.

Je m'installe en France, en Bretagne. Je participe ensuite trois fois à la course La Solitaire du Figaro, et également trois fois à la Transat AG2R Lorient-Saint Barthélemy. Je bats deux fois le record de traversée de la Manche, ainsi que le record du Tour des Îles britanniques.

En 2007, je récupère l'ancien bateau de Michel Desjoyeaux, un skipper d'exception. Ce bateau s'appelle *Roxy*. C'est avec ce bateau que je termine quatrième du Vendée Globe 2008-2009, une expérience incroyable. Dans une course comme celle-ci, on vit au rythme du soleil : petit-déjeuner au lever du soleil, dîner quand il se couche, quelques heures de sommeil quand la nuit tombe. Avec le *Roxy*, je franchis le Cap Horn, ce qui n'est accordé qu'à peu de marins. L'un des plus beaux souvenirs de ma vie !

Pendant cette course, je connais quelques frayeurs en croisant des icebergs mais je n'ai pas peur : tout ça grâce à mes parents, qui n'ont jamais montré aucune crainte lorsque nous traversions des tempêtes. Ils m'ont aussi appris à tout faire sur un bateau, même à cuisiner un rôti de bœuf par un vent de force 8 ! Je suis tellement heureuse à bord.

Après ce Vendée Globe, je participe à de nombreuses courses, comme deux transats Jacques-Vabre avec le navigateur Tanguy de Lamotte. Je reprends le départ du Vendée Globe en 2012, mais je dois abandonner car le mât de mon bateau casse.

En 2014, je suis choisie pour être skipper du seul équipage féminin de la Volvo Ocean Race, un tour du monde en équipage. La course dure neuf mois, elle est composée de neuf étapes, sur dix pays.... On a toutes beaucoup à apprendre. Mon objectif : progresser ensemble et, surtout, terminer chaque étape avec mon équipage en entier (sans aucune blessure et bien sûr, sans perdre un marin !) et mon bateau en bon état... Je réussis ce tour de force et on parvient même à gagner une étape – une étape qui me tient particulièrement à cœur puisque c'est celle de mon port d'attache, Lorient !! Je suis très fière en franchissant la ligne d'arrivée.

En 2016, mon compagnon, Romain Attanasio, qui est aussi marin, prend le départ du Vendée Globe et, cette fois, je reste à la maison avec notre petit garçon, Ruben.

Je change de bateau en 2017 pour barrer *Initiatives-Cœur* sur lequel j'avais navigué avec Tanguy de Lamotte. Pour ce troisième Vendée Globe, mon bateau est équipé de foils très modernes qui améliorent ses performances. Ce bateau est engagé auprès des enfants malades. Il porte les couleurs de Mécénat Chirurgie Cardiaque, une association qui permet d'opérer en France des enfants atteints de malformation cardiaque et qui n'ont pas d'accès aux soins dans leur pays natal. Naviguer sur ce bateau donne du sens à mes victoires. D'ailleurs, le slogan mis en avant par les sponsors est « Défier les océans pour sauver les enfants ».

Cette vie sur l'eau ne m'ennuie jamais. J'ai grandi inspirée par des navigatrices, comme Tracy Edwards qui était mon héroïne. Maintenant, mon souhait est d'inspirer d'autres petites filles qui suivent la course. Pour moi, il n'y a pas une catégorie spéciale pour les femmes. Hommes ou femmes, nous sommes tous des marins, juste des marins.

Sam Davies

Deux tours du monde complets, plus de vingt-cinq transatlantiques.
Elle a battu deux records de la traversée de la Manche et deux records du Tour des Îles britanniques.

2019, Transat Jacques-Vabre, 7e.
Sardinha Cup, 1ère.
Vainqueur de l'Armen Race.
2018, Drheam Cup, 1ère.
2017, Transat Jacques-Vabre, 6e.
2015, Transat Jacques-Vabre, 5e.
2014-2015, Volvo Ocean Race, skipper de l'équipage de Suède entièrement féminin Team SCA.
2012-2013, Transat Vendée Globe, abandon.
2010, Transat AG2R, 4e.
2009, Vendée Globe, 4e.

© Eloi Stichelbaut - polaRYSE / Initiatives Cœur

Son association : Initiatives-Cœur.

Elle soutient l'association humanitaire Mécénat Chirurgie Cardiaque.

Objectif Vendée Globe

par Pip Hare

– Pip, on t'a inscrite à un stage de voile aux prochaines vacances. On est sûrs que tu vas adorer !

Quoi ? J'avais seize ans et personne ne me demandait mon avis ? Non seulement je devais partir au bord de la mer avec mes parents – c'était déjà difficile de passer mes vacances avec mes parents et non avec mes amis, dans une station balnéaire de la côte anglaise mais, en plus, ma mère décidait de mes loisirs à ma place ! Moi qui déteste qu'on me force à faire quelque chose, j'ai râlé pour la forme parce que ça m'énervait qu'ils m'imposent ce stage. Mais au fond de moi, j'étais curieuse…

Depuis mes trois ans, je vivais avec ma famille dans la région de l'East Anglia, très loin de la mer.

J'étais très sportive, j'adorais tous les sports : la course à pied, le hockey, la natation. J'avais tout le temps besoin d'être dehors. J'étais la seule dans la famille à me dépenser physiquement à ce point !

J'étais curieuse de découvrir la voile… ou plutôt de redécouvrir ce sport car j'en avais fait quand j'étais petite. Mon grand-père avait un bateau en bois et il nous emmenait naviguer dès qu'il le pouvait. À sa mort, ce bateau était resté en notre possession, et on organisait parfois des sorties en mer avec. Être en famille sur un petit voilier, ce n'est pas toujours très agréable, surtout quand on a treize, quatorze ans. La plupart du temps je me calais dans un coin du voilier, sans rien faire, et je laissais flotter ma main dans l'eau en regardant les vagues…

Un matin de juillet 1990, je me suis donc retrouvée au bord de la mer, pieds nus, en combinaison courte, un gilet de sauvetage humide sur les épaules. Autour de moi, il y avait plusieurs ados qui étaient inscrits au stage de catamaran du club de voile. En tout, nous étions huit. Je les ai observés du coin de l'œil : ils étaient super équipés et avaient l'air très forts !

Moi, je grelottais, pieds nus dans le sable. Le ciel était bas et gris, le vent jouait avec mes cheveux... Je me suis demandé durant plusieurs minutes ce que je faisais là et ce que j'attendais.

Enfin, le moniteur est arrivé. Il s'est présenté à nous : Alan. Il nous a donné quelques explications et a désigné les catamarans qui attendaient sur le bord. C'étaient des petits catamarans munis de deux flotteurs assez lourds, mais à l'époque ils avaient l'air très modernes ! Alan nous a dit de nous regrouper deux par deux. Je me suis approchée d'une fille qui semblait faire partie du groupe des stagiaires.

Le moniteur nous a expliqué comment monter les voiles, gréer le bateau, comment on devait s'asseoir et tenir la barre. Cela ne m'a pas paru si difficile que ça, tant qu'on est restés sur le sable !

Le moment est venu de pousser les bateaux à l'eau. La fille que j'avais repérée m'a regardée et m'a dit avec un sourire :

– On prend celui-là, d'accord ?

– OK !

– Je m'appelle Emma, et toi ?

– Moi, c'est Philippa, mais je déteste. Alors tout le monde m'appelle Pip.

Une fois les catamarans mis à l'eau, Alan nous a dit qu'on pouvait embarquer. Au barreur de monter à bord en premier, et à charge à l'équipier de pousser l'embarcation vers le large avant de se hisser dessus. Emma a sauté tout naturellement dans le catamaran. J'ai orienté le bateau vers le large mais, avec le courant, il revenait sans cesse vers le bord. Il m'a fallu avancer davantage dans l'eau. Je sentais ma combinaison s'alourdir, et j'ai frissonné d'angoisse quand une vague a failli me submerger. Dans un dernier effort j'ai tout donné, poussé le bateau et réussi à monter à bord. Emma tenait la barre et la voile. Elle m'a désigné la corde du foc, la petite voile à l'avant.

– C'est parti ! Pip, attrape l'écoute de foc et tire dessus !

En raison du vent assez fort ce jour-là, notre bateau et les autres sont partis dans toutes les directions. Sur son zodiac, Alan s'est approché des embarcations, les unes après les autres, et il nous a donné les premiers conseils. Peu à peu, je me suis souvenue des conseils de papi. J'aurais bien aimé tenir la barre, mais Emma n'avait pas l'air de vouloir la lâcher. Au fil des minutes, elle m'a raconté qu'elle venait ici en vacances depuis des années. Elle faisait un stage de voile tous les étés ! Elle connaissait quasiment tous les monos, son préféré était Alan.

– Tu vas voir, Pip, il est trop sympa ! En plus, il explique bien, il est patient. Pourvu qu'on puisse faire du trapèze !

– C'est quoi, ça ?

– Quand il y a du vent et que le catamaran s'incline très fort, l'équipier s'accroche et il cale ses pieds sur le côté le plus haut du bateau. Il a vraiment tout le corps au-dessus de l'eau pour équilibrer avec son poids et ses mouvements le cata. C'est génial !

Euh... Pour le moment, je tenais une corde et j'avais peur de me prendre la voile dans la tête dès qu'on virait de bord. Alors, me tenir en équilibre au-dessus de l'eau, ça ne m'inspirait pas tellement...

J'ai cherché du regard les autres catamarans. L'un d'eux s'était vraiment détaché du groupe et il filait à bonne allure vers le large. Alan a foncé jusqu'à lui en zodiac et il a hurlé aux deux stagiaires, en agitant les bras :

– Faites demi-tour, poussez sur la barre et virez !

J'ai jeté un coup d'œil inquiet à Emma. Elle riait, très à l'aise. Moi, je grelottais car j'avais les jambes nues et j'étais immobile sur le bateau, mon écoute de foc entre les mains.

Alan a réussi à faire revenir les autres vers le bord. Ensuite, il a fait demi-tour jusqu'à nous et il nous a dit :

– Ça va, les filles ? On va rejoindre les autres près de la plage, à la bouée jaune, pour s'arrêter. Pour cela, il faut pousser la barre au maximum et se mettre face au vent. Emma, tu laisses la barre à… c'est quoi ton prénom ?

– Pip.

On s'est déplacées sur le catamaran ; ça bougeait dans tous les sens mais j'ai réussi à agripper la barre. Emma a pris le foc, elle s'est assise sur le côté opposé et a commencé à balancer le haut de son corps en arrière.

Dès que j'ai pris la barre, un truc étrange s'est produit. Je me suis rappelé les explications de mon grand-père, des années plus tôt. J'ai poussé la barre, on s'est rapprochées du vent et on a commencé à accélérer. J'ai tiré sur l'écoute de grand-voile et le bateau a continué à accélérer. Je me sentais super bien ! J'ai oublié le froid, mes

cheveux trempés et mes pieds humides… Seules comptaient la plage qui s'approchait et la mer qui filait sous la coque.

– Hey ! Tu te débrouilles bien ! a dit Emma,

On est parvenues près de la plage et là, on a mis le bateau face au vent près de la bouée jaune. C'était très naturel pour moi, comme si je retrouvais des gestes de mon enfance enfouis jusque-là.

Les trois autres bateaux, eux, s'étaient regroupés dans le plus grand désordre. Un catamaran a foncé droit sur nous : les deux garçons à bord n'arrivaient pas à freiner. Ils ont essayé de virer au dernier moment mais cela n'a pas marché et leur bateau est rentré dans notre catamaran ! Nous avons entendu un grand bruit et notre bateau s'est déséquilibré.

– Vous faites quoi, là ?

Les deux garçons riaient comme des idiots. Finalement, nous aussi, nous avons éclaté de rire. Nos bateaux se sont décrochés par miracle et ils se sont mis tous les deux à avancer. Notre fou rire a repris de plus belle !

Furieux, Alan s'est époumoné :

– Mais arrêtez-vous, bon sang ! Mettez-vous face au vent ! Lâchez les écoutes et poussez la barre.

J'ai repris mon souffle et j'ai remis le bateau à l'arrêt. Les deux garçons, eux, ont continué leur route tout en rigolant.

Emma m'a glissé :

– Ce sont deux cousins, je les ai déjà croisés. Ils sont sympas, mais ils font un peu n'importe quoi…

Alan nous a dépassées pour aller les récupérer. Il nous a crié :

– Bon, vous ne vous êtes pas laissé déconcentrer. Bravo pour l'arrêt, Pip !

Quand on est revenues après plusieurs exercices vers la terre ferme, on s'est laissées glisser à l'eau avec plaisir, en gilet de sauvetage et en combi. On a tiré sur l'avant du bateau et on l'a remonté haut sur le rivage. Le ciel était encore gris, le vent soufflait de plus belle, un léger crachin a commencé à tomber mais je n'avais qu'une envie : remonter sur mon catamaran et repartir naviguer…

Alan nous a fait un petit cours théorique pour nous expliquer les bases de la voile. Emma s'est mise à discuter avec Paul et Denis, les deux cousins ; normal, elle avait dû entendre cette présentation un certain nombre de fois. Moi, j'écoutais, concentrée, car j'avais envie de comprendre et de progresser.

Quand j'ai quitté la plage, ma mère m'attendait près de la voiture.

– Alors, Pip, ça t'a plu ?

– Mmm… pas mal. Ça m'a rappelé quand je faisais du bateau avec papi.

– Ah oui, c'était un bon professeur de voile. Et les autres jeunes, ils sont sympas ?

Emma est passée devant nous et m'a fait signe :

– Bye, Pip, à demain !

Le lendemain, j'ai retrouvé Emma sur notre catamaran. Le temps avait complètement changé. Le soleil était au rendez-vous et il n'y avait presque pas de vent. Alan nous a donné des exercices techniques à faire. Quand son zodiac s'est éloigné, nous avons dû faire pencher – c'est-à-dire gîter – le bateau au maximum. Je tenais la barre et Emma se mettait en rappel, le haut du corps à l'extérieur du bateau. Mais on a failli tomber à l'eau ! Paul et Denis, les cousins, eux, ont vraiment dessalé ! On est passées près d'eux alors qu'ils nageaient autour de leur bateau retourné.

– Un problème, les gars ? Vous avez besoin d'aide ?

Ils riaient trop pour pouvoir répondre. Ce qui n'a pas été du goût d'Alan, arrivé sur son zodiac, qui a dû les aider à remonter le bateau...

Au fil des manœuvres ce jour-là, j'ai aimé de plus en plus barrer, régler la grand-voile et constater l'influence de mes actions sur la vitesse ou la gîte du bateau. Emma, à l'avant, a décidé de bronzer, jambes étendues.

– Hé, Pip, tourne un peu, la voile me fait de l'ombre !

Le troisième jour, le vent s'est levé. Nous avons attendu Alan, regroupés tous les huit. Emma et Paul essayaient de savoir d'où venait le vent en observant les girouettes sur les bateaux. Puis Alan est arrivé et il a débuté par le cours théorique. Il nous a expliqué comment virer face au vent ou empanner lorsque le vent était derrière nous. Il a proposé aux équipiers de faire du rappel et nous a montré comment se positionner au mieux.

Emma lui a demandé :

– Et du trapèze, c'est possible ?

– OK pour ceux qui en ont déjà fait, a accepté Alan.

– Ouaaiiis ! ont crié Emma, Paul et Denis.

Et on est montés sur les bateaux.

Emma a lancé :

– Quand on sera au large, Pip, tu prendras la barre et je ferai du trapèze.

– OK, pas de problème !

Mais le vent s'est mis à souffler en rafales. Dès que je me suis rapprochée du vent et que j'ai tiré sur l'écoute de grand-voile, le bateau s'est incliné. De plus en plus.

– Pip, tu bordes bien la voile et tu restes comme ça ! a crié Alan en passant près de nous. Emma, attends avant de faire du trapèze, le vent n'est pas régulier.

Le bateau s'est mis à avancer sur un seul flotteur. Waouhh ! Plus vite, plus vite ! Des vagues ont frappé la coque à petits coups réguliers. Emma a guetté Alan, qui filait rattraper un bateau au loin. Elle m'a fait un clin d'œil.

– C'est parti pour le trapèze !

Et elle a posé ses pieds sur la coque, le reste du corps au-dessus de l'eau. À mon tour, je me suis penchée en arrière en tenant la barre. C'était grisant !

– Youhooou ! a hurlé Emma.

Tout à coup, le vent a changé de direction. Le bateau s'est enfoncé dans l'eau du côté de la coque. Je ne savais pas quoi faire, le catamaran ne m'obéissait plus. Je n'arrivais pas à enlever l'écoute de la grand-voile du taquet. Dans un énorme bruit, le bateau s'est retourné. Emma qui, l'instant d'avant, flottait au-dessus de la mer, a disparu. Je ne l'ai plus vue. Je l'ai appelée.

Les vagues m'ont semblé beaucoup plus hautes. Les bruits de la plage résonnaient à mes oreilles de façon indistincte.

– Emma, Emma !

– Je suis là !

Elle est apparue, émergeant de sous la voile, les cheveux trempés. J'avais eu peur, je n'ai rien dit.

– Je n'arrivais pas à défaire le crochet de trapèze, alors je me suis retrouvée sous la voile, m'a-t-elle expliqué en reprenant son souffle.

Alan est apparu sur le zodiac, les sourcils froncés.

– Mais qu'est-ce qui s'est passé ?

Il nous a donné des conseils pour relever le bateau en nous accrochant à l'un des flotteurs. On l'a remis à l'eau et on s'est juchées dessus.

– Plus de trapèze pour le moment, les filles, nous a-t-il prévenues. On va se regrouper.

Une fois de nouveau sur le bateau, sous le soleil, la situation m'est apparue sous un meilleur jour et on a ri de notre mésaventure. Peu après, Paul et Denis sont venus aux nouvelles.

– Alors, ce dessalage ?

– Pas de problème, on a remonté le bateau toutes seules, nous !

Le jour suivant, quand je suis arrivée sur la plage, de nouveau le temps avait viré. Le vent soufflait, le ciel était menaçant et les vagues s'écrasaient sur le rivage.

– Salut, Pip, m'a dit Alan. Ça va ? Apparemment Emma est malade, elle ne va pas pouvoir venir. Tu te sens capable d'être seule sur le bateau ?

À vrai dire… non. Mais avant que je puisse répondre, il a enchaîné :

– Tu te débrouilles vraiment bien ! T'inquiète pas ! Et si je mettais un de ces cornichons tout seul, a-t-il dit en désignant Paul et Denis, on le retrouverait de l'autre côté de la Manche !

C'est comme ça que je suis montée seule sur le catamaran. J'ai pris mon élan, j'ai démarré en le poussant vers le large et j'ai sauté à bord. J'avais la barre dans une main, l'écoute de grand-voile dans l'autre, et le foc… faisait ce qu'il voulait ! Alan m'a conseillé de le bloquer avec un taquet.

Et je suis partie vers le large… J'en ai presque oublié le groupe tant je regardais la mer, appliquée au maximum sur chacun de mes gestes. Quelle émotion incroyable ! Je me suis sentie complètement LIBRE !

J'ai réussi à virer de bord, je ne sais trop comment, même si je me suis cognée contre la bôme qui retient la grand-voile. Il fallait que je pense à tout : ne pas m'éloigner du cap, régler la voile, changer le foc de côté. J'allais et venais sur le catamaran le plus rapidement possible. Parfois, le bateau penchait terriblement et mon cœur battait plus vite. Mais je me concentrais pour le remettre à plat, et ça marchait.

Alan m'a fait un signe avec son pouce levé.

– Continue comme ça, Pip !

J'ai dépassé Paul et Denis. Le bateau, légèrement incliné, filait sur l'eau. J'étais trop fière de moi ! J'ai voulu lâcher la voile pour leur faire signe mais soudain je ne sais pas ce qui s'est passé, le bateau est retombé très lourdement et la voile s'est rabattue. Non ! J'ai vite récupéré ma trajectoire pour reprendre le large et arriver avant eux au zodiac, le point fixé par le mono. J'avais le sentiment que ce qui comptait, ce n'était pas d'être une fille ou un garçon, mais la précision des mouvements, les choix qu'on faisait. C'était plutôt dans la tête que dans les muscles !

– Le vainqueur est Pip ! a hurlé Alan lorsque j'ai rejoint le zodiac.

J'avais dépassé tous les autres équipages, qui étaient par deux. Je n'en revenais pas… Tout le monde m'a applaudie !

Pour fêter la fin du stage, Alan nous a proposé de faire une excursion en mer.

Emma était revenue et notre équipage s'est recomposé tout naturellement. On avait bien progressé toutes les deux au fil des sorties.

Notre bateau avançait super vite. Il faisait beau, le vent soufflait avec régularité. En s'éloignant de la côte, on a vu des marsouins. C'était magique d'être si proches de la nature…

– Là, un cormoran !

Emma m'a montré l'oiseau noir qui plongeait.

On a tous partagé notre pique-nique sur une plage déserte avant de repartir. Plus tard, à la barre du bateau, avec le soleil doux et le sel qui séchait sur mon visage, j'ai su que désormais la voile était ma passion.

À partir de ce moment-là, j'ai su que je voulais faire de la voile mon métier. Le problème, c'est que ma famille habitait loin de la mer. J'ai fait plein de petits boulots parallèlement à mes études pour m'acheter des billets de train et aller sur la côte.

C'est aussi à cette époque que j'ai lu les livres d'Isabelle Autissier, et je me suis dit qu'un jour je ferais le Vendée Globe, comme elle ! Elle m'a beaucoup inspirée. Pour la première fois, je me disais qu'une femme pouvait être l'égale d'un homme, se lancer dans une aventure aussi folle, aussi impressionnante qu'une course autour du monde en solitaire…

Le Vendée Globe est la plus grande et la plus difficile aventure qui existe de nos jours. On est si seul. Et il faut avoir toutes les compétences : ingénieur, réparateur, skipper, mécanicien et maintenant, en plus, on fait des vidéos ! Mais à cette époque-là, j'étais encore loin de pouvoir participer à une telle course et je savais que cela me prendrait du temps avant de pouvoir un jour figurer sur la ligne de départ. Cela allait me demander des années d'entraînement, il allait falloir apprendre et apprendre encore, acquérir beaucoup de compétences, me perfectionner tant physiquement que techniquement. Mais je savais aussi que c'était ma passion. Et que la question était simple : tu peux le faire ou pas ?

Il fallait donc que je continue de m'entraîner, or la voile est un sport qui coûte très cher. Je me suis inscrite dans des associations caritatives, sur la côte sud de l'Angleterre, qui apprennent la voile à des personnes handicapées. J'étais bénévole, mais c'était une façon de naviguer gratuitement. Et aussi une très belle aventure que j'ai faite pendant deux ans.

Puis j'ai quitté l'école et suivi une formation pour devenir monitrice de voile, près de Southampton. À dix-huit ans, je suis devenue skipper. J'ai commencé à enseigner la voile en Angleterre, puis aux Caraïbes et en Nouvelle-Zélande où j'ai vécu deux ans. J'ai aussi convoyé des bateaux pendant un an. Cela consiste à amener ou ramener un bateau pour quelqu'un au port de son choix. Je n'aimais pas faire partie d'un équipage parce que quand on est une fille, on est vite réduite à faire la cuisine, à nettoyer le bateau... Ce que je voulais, moi, c'était être skipper. Alors j'ai décidé de faire carrière dans la course au large. Je suis rentrée en Angleterre où il y avait davantage d'opportunités. Et j'ai commencé à faire des courses en équipage. Mais là aussi, c'était difficile d'être une femme. On ne me confiait jamais le réglage des voiles par exemple.

Alors j'ai acheté un bateau et j'ai navigué. Ce bateau, c'était tout ce que j'avais ! J'ai vécu dedans pendant sept ans, de vingt-huit à trente-cinq ans. Il s'appelait *The Potting Shed* (« le tout petit cabanon » !). C'était merveilleux ! J'étais libre d'aller où je voulais. J'ai visité plein de pays. C'est à cette époque-là que j'ai appris à réparer mon bateau toute seule. Et que j'ai appris, en naviguant avec d'autres, tout ce qu'il fallait savoir pour naviguer au large en solitaire. Je n'avais besoin que de très peu d'argent pour vivre. Je me nourrissais des poissons que je pêchais, je faisais tout moi-même, et c'était très instructif.

De temps en temps, je travaillais comme skipper et quand j'avais gagné assez pour vivre, je retournais à mon bateau, « mon cabanon »…

Je pensais tout le temps au Vendée Globe, mais je ne savais pas comment m'y prendre pour pouvoir y participer. En 2009, je me suis dit qu'il fallait agir. Alors, cette année-là, j'ai traversé trois fois l'Atlantique en solitaire puis, en 2010, j'ai fait le tour de Grande-Bretagne en double sur mon bateau. J'avais conscience qu'il fallait avancer pas à pas, tout doucement, et que chaque étape franchie me permettrait d'en franchir une autre, plus difficile que la précédente. Les années suivantes, j'ai sillonné l'Atlantique du nord au sud, jusqu'en Patagonie. Ensuite, j'ai participé par deux fois à la Mini-Transat. Mon objectif du Vendée Globe se rapprochait…

Je me suis beaucoup entraînée en France (à La Grande-Motte et à Lorient) avec des coachs qui m'ont appris les techniques de la navigation en solitaire, mais aussi comment faire une course.

Le problème, qui est toujours le même, c'est que je n'avais pas d'argent. Et si je voulais avancer, il fallait que j'en trouve!

Je me suis fait embaucher par la Société de secours en mer anglaise. C'était la première fois que je travaillais enfermée dans un bureau. J'ai détesté ça.

La voile et la compétition me manquaient. J'ai démissionné au bout de trois ans! Et je suis devenue skipper sur des Class40, des bateaux qui coûtent trop cher pour que je puisse songer en acheter...

J'ai fait des courses en double avec le propriétaire du bateau, mais c'était difficile parce que nous ne poursuivions pas le même objectif. Je voulais progresser, quand pour le propriétaire c'était davantage un hobby, un loisir, des vacances, quoi!

C'est une chouette façon de gagner de l'argent, toutefois cela ne me permettait pas de progresser, et moi je voulais progresser! J'ai fait ça une année entière puis, de nouveau, j'ai démissionné. Et je suis devenue coach sur des Class40 pour des gens venus du monde entier, des Brésiliens, des Sud-Africains, des Anglais, des Hollandais. J'ai beaucoup aimé ce travail. J'ai rencontré beaucoup de gens différents, et ma mission consistait à les aider à réaliser leurs rêves, à leur faire prendre confiance en eux…

Je n'avais toujours pas de bateau, mais j'ai continué de naviguer en tant que membre d'équipage.

Puis, en 2018, j'ai eu la possibilité de louer un IMOCA. Ce bateau rebaptisé *Pip Hare Ocean Racing* est un vieux bateau (il a fait quatre fois le tour du monde), mais c'est un bon bateau, solide et fiable. Et à son bord j'ai parcouru des milliers de milles, ces milles qui permettent de se qualifier pour le Vendée Globe.

Avant le départ en novembre, je dois absolument trouver encore de l'argent, pour acheter de nouvelles voiles par exemple. Je n'ai jamais autant travaillé de ma vie ! C'est très excitant.

Je sais que c'est une course éprouvante, difficile, technique, stratégique, mais je sais aussi que je vais me trouver dans un environnement incroyablement puissant, sublime, où tout change tout le temps, les sons, les couleurs, les formes des vagues. C'est tellement vivant. Les levers de soleil, les couchers de soleil, sont toujours aussi beaux.

On est sans cesse mis au défi, et c'est aussi ce qui permet de donner le meilleur de soi-même, de découvrir la belle personne qui est en soi. C'est le plus bel endroit au monde où se trouver, même si parfois on a peur et on fatigue à cause du manque de sommeil (je dors assise, par tranche de vingt à trente minutes, mais j'ai appris à gérer ma récupération et à dormir quand il le faut pour ne pas me mettre en danger), on est sans cesse en alerte. Je sais aussi que même si l'on essuie une tempête, si l'on doit affronter des vagues géantes, le soleil finira par revenir…

Il faut toujours avoir de grands rêves, de grandes ambitions, mais il faut savoir qu'on ne les réalise pas d'un seul coup. On progresse petit pas par petit pas.

Depuis mon stage de voile à seize ans, je me dis : « Je fais une chose une fois pour prouver que je peux le faire et apprendre, et puis je le fais une deuxième fois pour faire quelque chose d'encore mieux. »

Pip Hare

Inspirée par le parcours d'Isabelle Autissier, elle découvre la course en solitaire à 35 ans.

2019, Rolex Fastnet Race, 13e.
Transat Jacques-Vabre, 24e.
2015, Transat Jacques-Vabre, Class40, 9e.

Vous pouvez la retrouver sur :
piphareoceanracing.com

GBR 77
Medallia
Sodebo
codestone
tevent
phc

Un lac
avant l'océan

par Isabelle Joschke

Ma grand-mère a une maison près du lac de Traunsee, en Autriche, où je passe souvent mes vacances lorsque je suis enfant. Sa maison est en face du lac, à vingt mètres de l'eau. On a juste à traverser la rue pour atteindre le bord. Autour du lac, de hautes montagnes se reflètent dans l'eau : c'est magnifique !

Je me souviens d'un bateau dans le jardin. J'ai cinq ans environ et ma grand-mère a construit un petit bateau à voile avec un carton pour la coque, une branche pour le mât, un peignoir d'enfant pour la voile, la ceinture pour l'écoute de grand-voile, et un petit bout de bois pour le gouvernail.

Je passe énormément de temps dans ce bateau à terre, en regardant le lac. Et je rêve de partir naviguer…

Je me souviens de ma première navigation sur le lac. Je suis à peine plus âgée. Mon voisin, Thomas, qui est un peu plus vieux que moi, a la chance d'avoir un Optimist, un petit bateau en bois avec une seule voile. Un jour, il m'invite à bord. Comme je suis contente ! J'ai l'impression de partir pour une grande expédition. Le bateau est amarré à un ponton au bord du lac : Thomas monte dedans et je le suis. Nous faisons un tour, tous les deux, dans la petite baie devant la maison de ma grand-mère. Je suis si fière d'être l'équipière de Thomas sur son petit bateau ! C'est mon baptême de l'eau.

Je me souviens d'une montre dans l'eau. J'ai huit ans et cet été-là, je joue souvent avec les voisins. Nous sommes cinq ou six enfants du quartier, nous aimons nous amuser au bord du lac : nous nous y baignons, nous nous promenons sur ses rives. Moi, j'adore surtout nager, sauter, plonger ! Ce jour-là, nous sommes montés sur le ponton. Nous discutons, faisons des blagues. Mon voisin Thomas s'amuse au bord de l'eau quand soudain, sa montre tombe au fond du lac ! Tout le monde s'arrête, interloqué : c'est une grosse bêtise. Moi, je ne réfléchis pas : je plonge ! Je m'enfonce dans les eaux du lac : la montre est sur le sable, à deux mètres de profondeur. Je la saisis et ressors de l'eau en la brandissant comme un trophée. Les autres m'applaudissent et sont très impressionnés ! Thomas remet sa montre en me remerciant.

Je me souviens de l'expression « garçon manqué ». J'ai une dizaine d'années et beaucoup de gens disent que je suis un garçon manqué. Je suis juste une fille qui aime le foot et l'athlétisme. Je veux pouvoir tout faire ! Je suis un peu casse-cou et je me défends si je suis attaquée. Ça me semble normal d'être ainsi : pourquoi faudrait-il que les filles soient sages et les garçons aventureux ? Ce qui est sûr, c'est que j'ai du caractère car depuis que je suis toute petite, j'ai compris qu'il fallait s'affirmer !

Je me souviens de ma première sortie toute seule sur le lac. J'ai douze ans et j'ai bien progressé en voile. J'ai fait de l'Optimist sur d'autres lacs mais j'ai maintenant l'âge de passer à un plus gros bateau. C'est un petit bateau vert, un dériveur, qui s'appelle le *Colibri* : il appartenait à mon oncle, mais c'est désormais moi qui ai le droit de naviguer avec, étant donné que mon frère ne s'intéresse pas à la voile.

C'est sur ce bateau que je m'élance sur le lac pour mes premières aventures. Je n'ai jamais peur : pas peur de chavirer, au contraire, j'adore ça ! Et tant mieux, car le bateau n'est plus tout jeune et a des trous dans la coque ! Je peux

maintenant traverser le lac dans sa largeur. Parfois, j'emmène à bord une copine, Christina, ou des enfants plus jeunes, comme Thomas l'a fait avec moi. On se promène dans la baie, mais eux, ils n'aiment pas trop dessaler (tomber à l'eau) ! Je suis la seule à avoir mon bateau et à naviguer ainsi.

Je me souviens d'une planche à voile. Mon père nous apprend à en faire, à mon frère et à moi. C'est la mode, sur le lac. J'aime bien, mais cela n'est rien à côté de ma passion pour la voile, le bateau, partir faire le tour du lac toute seule.

Je me souviens de mes rêves. De l'autre côté du lac, il y a un endroit, avec une petite pelouse, auquel on ne peut accéder qu'en bateau. Je rêve d'y aller, seule, de m'y installer pour la nuit et d'y dormir à la belle étoile.

Plus tard, je décide de m'inscrire dans un club de voile. Comme on habite près de Genève, je fais du Laser tous les mercredis sur le lac de Divonne, mais ce n'est encore qu'un hobby.

C'est à l'époque du Bac que je me réveille ! J'apprends que ma prof principale est skipper. Elle me conseille de faire un stage de voile aux Glénans, une grande école de voile française en Bretagne, puis, plus tard, de m'engager comme équipière sur des convoyages. Comme je suis une bonne élève, je m'inscris, pour les études, en prépa lettres. Et côté voile, je fais un stage aux Glénans. Puis un deuxième.

En licence, j'embarque pour un convoyage vers le Brésil, ma première traversée de l'Atlantique. Mes parents ne sont pas rassurés mais ma vocation est née : je vais travailler dans le nautisme. Je ne sais pas encore comment, mais il faut que je sois en mer… C'est une évidence !

Je finis mon année scolaire puis je pars un an à l'école de voile des Glénans pour être formée, comme monitrice, à réparer des bateaux et à enseigner la navigation en parallèle. Je passe ma maîtrise de lettres classiques (latin et grec). Comme j'aime particulièrement la civilisation grecque parce qu'elle est portée à fond sur les questions humaines, mon sujet de maîtrise s'intitule : « Les marins dans l'Antiquité grecque » !

Ce diplôme obtenu, je repars en formation pour obtenir le brevet d'éducateur sportif et être monitrice de voile agréée, ainsi que le brevet de skipper pour pouvoir faire des convoyages et être enrôlée dans la marine marchande.

À l'hiver 2002, je m'installe à Marseille et je cherche du travail. J'enchaîne les petits boulots dans la voile (remplacement pour des écoles de croisière, de voile), je fais aussi du ponçage ou du bricolage sur des chantiers navals. Ce n'est pas toujours facile : la première fois que je suis employée sur un chantier, c'est pour nettoyer le bateau car ils cherchent des femmes de ménage… Un homme, lui, a le droit de faire du bricolage ! Je suis folle de rage. Ce n'est qu'après avoir fait mes preuves dans le nettoyage que je finis par être embauchée sur des tâches qui me plaisent vraiment.

Très vite, une des écoles de voile pour lesquelles je travaille m'envoie aux Antilles comme skipper sur un bateau. Au bout de trois mois, ma décision est prise, je ne veux pas rentrer à Marseille, je préfère rester aux Antilles. Et je me mets à travailler de façon plus indépendante. J'aime l'aventure ! L'été, je le passe en France, à Marseille. Je découvre avec enthousiasme de nouveaux pays, des gens, des langues, des métiers parce qu'un bateau amène à faire plein de choses différentes.

C'est comme cela, par hasard, que je rencontre des gens qui font la Mini-Transat, une course pendant laquelle on traverse l'Atlantique en solitaire sur un bateau de 6,50 mètres. En voyant ces bateaux, je me mets à rêver… Sauf que pour avoir un bateau, il faut des sous.

Un an et demi plus tard, avec un peu d'argent de côté et grâce à un emprunt de ma mère, j'achète mon bateau. Je quitte mon appartement de Marseille, je mets tous mes bagages dans une camionnette et je pars pour Rotterdam où se trouve le bateau que j'ai repéré. Je le ramène avec mon père en Bretagne, à La Trinité-sur-Mer, sur une remorque. Et en janvier 2004, je déboule sur un chantier naval pour préparer mon bateau et commencer à naviguer. À terre, je dors dans ma camionnette ! Au printemps, je me lance dans mes premières courses, des petites courses de quatre à cinq jours (Dieppe-Douarnenez), qui sont pour moi très formatrices.

En 2005, je m'aligne sur le départ de la Mini-Transat. Dès le début de la première étape, j'ai un problème avec mon groupe électrogène, je n'ai plus de batterie, plus de pilote automatique. Je pourrais m'arrêter, je n'y pense même pas ! Je passe sept jours scotchée à la barre du bateau 22 heures sur 24, je me nourris de barres de céréales, je bois comme je le peux, je craque moralement parfois mais je ne peux pas lâcher la barre, quitter la mer des yeux. La nuit, je dois affaler le spi, le bateau part dans n'importe quelle direction, mais au moins je peux dormir deux heures ! Une fois réveillée, je hisse à nouveau le spi, et c'est reparti pour vingt-deux heures de barre. Au bout de quelques jours, j'ai des hallucinations, je me raconte des histoires ! Je suis persuadée qu'il y a quelqu'un d'autre que moi à bord – puis je me rends compte que c'est faux. Mon cerveau part en vrille, je délire, le manque de sommeil, c'est une vraie torture…

Une fois arrivée, je dors toute la journée ! Je suis épuisée, déçue mais pas découragée pour autant. Je me dis que j'apprends le métier, que c'est un vrai parcours du combattant. Je me sens complètement à ma place.

Pour aborder la deuxième étape de cette même course, j'ai eu le temps de réparer ce qui ne marchait pas. Moi qui voulais finir dans le Top 10 de cette étape, j'arrive 5e : c'est vraiment inattendu. Finalement, je suis 14e du classement général et très heureuse ! C'est un grand moment : avec des avaries, un bateau moyen, je suis une des révélations de la Mini, une navigatrice qui a du potentiel. Je suis respectée, aussi bien par les hommes que les femmes. Cela m'encourage à continuer avec un bateau neuf, que je fais construire.

Deux ans plus tard, à cette même course, je fais partie des favoris. Je remporte la première étape haut la main, après avoir été en tête tout le temps. Mais au cours de la deuxième étape, je dois faire face de nouveau à des avaries qui m'empêchent de gagner. Super aventure et nouvelle grosse déception !

Mes sponsors restent enchantés, confiants et prêts à me suivre là où je veux aller.

En 2008, je veux participer au Vendée Globe mais je ne trouve pas le budget nécessaire.

De 2011 à 2013, c'est galère.

Enfin, en 2014, mon sponsor me donne les moyens de repartir. En 2016, je fais la Transat anglaise (Plymouth-New York en solitaire) et à mi-parcours, alors que je suis en tête, mon bateau se casse ! Mais cette première partie marque les esprits. Puis j'enchaîne sur la course Québec-Saint-Malo et je finis deuxième. Quelle belle saison…

Mon sponsor veut vraiment une femme pour le Vendée Globe 2020 ! Alors, en 2017, je peux acheter un Imoca qui vient de finir à la cinquième place du Vendée Globe 2016. L'Imoca *MACSF* est un bateau sain et très rapide. Cela ne veut pas dire qu'il est confortable. Quand je m'allonge dans la bannette (un cadre en aluminium avec un filet tendu qui sert de lit), je fais des bonds, je suis retournée comme une crêpe sur la poêle !

En 2019, on décide d'y adjoindre des foils[1] ; mais il me faut un peu de temps pour m'y habituer. Lorsqu'on « vole », le nez du bateau se lève, on n'a plus aucune visibilité et on a l'impression de foncer dans un mur. Et ça, ce n'est pas rassurant !

Parallèlement à tout ça, en 2012, avec mon amie journaliste Martine Gauffeny, je décide de créer l'association Horizon Mixité. Les navigatrices se font trop rares dans les courses au large. Et si les équipages féminins se déve-

1. Foils : ailerons placés sous la coque du bateau, qui servent à voler au-dessus de l'eau et à gagner en vitesse.

loppent, encore trop peu sont mixtes. Pour certains marins ou structures, cela reste impensable. Il faut donc continuer d'en parler et d'agir pour faire évoluer les mentalités... Hommes et femmes sont à égalité face à l'océan. Les choix tactiques, les analyses météo, la force du mental, etc., ne connaissent pas de différence de sexe. Tout est une question d'expérience et de préparation !

C'est vrai que côté muscles, on n'est pas tous.tes à égalité, surtout quand il s'agit de déplacer les voiles (stockées dans le bateau) de bâbord à tribord avant de virer de bord. Je ne suis pas un grand gabarit : je fais 1,59 m pour 55 kilos. La plus lourde des voiles pèse 80 kilos. Il faut que je soulève une fois et demie mon poids ! Pour déplacer 500 kilos de voiles, par vent de 30 nœuds, il me faut quarante minutes au prix d'un immense effort. Alors il faut s'entraîner ! Pour ma part, je fais du Pilates pour muscler et protéger mon dos. Je fais aussi du vélo, de la course à pied, de la natation, pour gagner en endurance, en résistance, et pour récupérer plus vite.

Cette mixité nécessaire ne concerne pas seulement la voile. Elle doit s'étendre à tous les domaines d'activités de la société : éducation, entreprise, sport, politique… Depuis que je suis petite, je crois qu'il est important que les femmes réussissent aussi bien que les hommes. Dans la course au large comme partout.

Isabelle

Isabelle Joschke

© Emmanuelle Delteil / Emma Production

2020, Vendée-Arctique-Les Sables d'Olonne, 13e.

2017-2019 Circuit IMOCA,

Transat Jacques-Vabre Normandie Le Havre, abandon.

Défi Azimut, 8e (en double avec Morgan Lagravière).

Route du Rhum – Destination Guadeloupe, abandon.

Défi Azimut, 11e.

Drheam Cup 2018, 2e.

Monaco Globe Series 2018, 2e.

Rolex Fastnet Race 2017, 5e.

Défi Azimut 2017, 3e.

Transat Jacques-Vabre 2017, 8e.

2016 Circuit Class40,

Transat Québec-Saint-Malo, 2e.

Championnat des Class40, 4e.

2008-2015 Circuit Figaro Bénéteau 2,

Sept participations à la Solitaire du Figaro.

Cap Istanbul : vainqueur de la 3e étape en 2008,

2e de la 5e étape en 2010.

Lorient Horta 2014, 7e.

2004-2007 Circuit Mini 6,50,

Deux participations à la Transat 6,50/Vainqueur de la première étape en 2007.

Les Sables les Açores 2006, 4e.

Première traversée de l'Atlantique

par Miranda Merron

« Crois-moi, mon jeune ami, il n'y a rien – absolument rien – qui ne vaille plus le coup que de tout simplement s'amuser sur un bateau ! »

Kenneth Grahame, *Le Vent dans les Saules*

Depuis que j'ai six ans, je vis au Canada, à Oakville, près de Toronto. Mes parents adorent naviguer ! Quand j'ai huit ans, ils achètent un voilier de course, un C&C 39, baptisé *Manitou*. Ce bateau a gagné la Canada Cup (une course entre le Canada et les États-Unis) en 1969, l'année de ma naissance.

Très tôt, ils nous initient à la voile, mon frère Jason et moi. J'avais à peine cinq ans la première fois que je suis montée toute seule sur un bateau. Je n'étais pas très rassurée. Je croyais que si jamais on chavirait, j'allais mourir.

En grandissant, j'acquiers plus d'expérience en accompagnant mes parents le week-end, pour des courses au large sur le lac Ontario. Même si je suis trop jeune pour les manœuvres et les réglages, c'est le bonheur : je m'endors dans ma couchette quand la nuit tombe, je me réveille à l'aube, et j'ai le droit de prendre la barre pour franchir la ligne d'arrivée !

Juste avant mes dix ans, mon père change de travail et nous partons nous installer en Angleterre. Nous quittons donc le Canada pour l'Europe… en emmenant le bateau avec nous. C'est ainsi qu'en juin 1979, nous allons traverser l'Atlantique ensemble. Ce voyage exige des mois de préparation. Papa nous montre plusieurs fois l'itinéraire sur une carte. Cela veut dire au moins trois semaines de traversée !

Mes parents achètent des centaines de boîtes de conserve qui s'accumulent sur le plancher de la cuisine. Il faut enlever les étiquettes en papier et noter le contenu de chaque boîte au marqueur pour que l'humidité n'abîme pas l'inscription et que nous sachions ce que nous allons manger…

Quand on s'engage pour une longue traversée comme celle-ci, il faut s'habituer à vivre dans un espace exigu. Le bateau comporte quelques couchettes : mon frère et moi, on a chacun un côté, juste sous le plafond. Nous disposons d'un four, d'une table et de banquettes qui servent de couchettes. C'est aussi l'endroit où nous faisons l'école et où nous jouons. Il y a des toilettes, mais pas de douche.

Avant notre départ, nous choisissons quelques jouets, plusieurs livres et j'emporte ma peluche préférée, bien sûr : je ne peux pas l'abandonner ! Mon frère prend ses Lego. J'ai un journal de bord où je pourrai noter mes impressions au fur et à mesure.

Nous partons de Oakville et nous traversons le lac Ontario. Ensuite, nous prenons le canal Erié qui rejoint la rivière Hudson pour aller jusqu'à New York. Il y a quelques escales, dont la dernière est à West 79th Street Basin, à New York.

Nos premières journées de navigation passent à toute vitesse car il faut tester le bateau et vérifier que tout fonctionne : les voiles, les poulies, la barre. Nous sommes huit à bord pour nous relayer, car mon frère Jason et moi sommes trop jeunes pour prendre les quarts de nuit.

Pour se repérer sur les cartes, on utilise la navigation astronomique, avec un sextant et des livres de calculs qui nous permettent de trouver notre position par rapport aux étoiles. Pour cela, le ciel doit être dégagé, sinon c'est à l'estime – avec des possibilités d'erreur. On mesure les distances en milles marins (1 mille marin, c'est 1,852 mètre) et la vitesse du vent ou du bateau en nœuds (un nœud, c'est un mille par heure). Il faut s'y habituer mais ce n'est pas compliqué !

Il n'y a pas de téléphone satellite non plus : nous disposons d'une radio VHF qui nous permet d'entrer en contact avec les équipages des autres bateaux à proximité.

Nous partons le 9 juin 1979. Nous passons la Statue de la Liberté, sous le fameux pont de Verrazzano – le dernier avant l'océan, puis Ambrose Light (le point où commencent et où finissent les tentatives de record de la traversée de l'Atlantique nord) et l'Atlantique. Le voyage commence vraiment !

C'est alors que je débute mon journal de bord.

10 juin

Temps assez calme ce premier jour. Requin, dauphins et tortue aperçus. Jason et moi avons essayé de pêcher, nous avons failli attraper un oiseau – un pétrel, je crois – qui a vite fait de se débarrasser de nous !

11 juin

Nous avons été doublés de tout près par un navire sans aucun marquage, immédiatement suivi par un avion militaire à vitesse supersonique, puis par un avion américain qui est passé au-dessus de nous quatre fois. Impressionnant ! L'avion a répondu à notre appel radio mais n'a pas voulu dialoguer avec nous. C'était peut-être un bateau espion cubain à cause de la guerre froide[1].

---

1. Période de fortes tensions entre les États-Unis et l'URSS, et leurs alliés respectifs.

Petit foc, vent 28-30 nœuds. Soleil et arc-en-ciel, mais gros grains et orage à venir.

16 juin

Nous avons croisé un pétrolier grec en route vers le Mexique depuis Edimbourg. Au grand bonheur de notre navigateur (mon père), l'officier de quart du pétrolier a confirmé notre position à 2 milles près. Il fait très beau, le bateau avance bien. Nous avons vu deux baleines !

17 juin

Une élégante sterne – c'est un oiseau qui ressemble un peu à une mouette – a attaqué la ligne de pêche qui traîne derrière le bateau. Comme on remontait vite notre ligne, l'oiseau en colère s'est mis à s'en prendre à la girouette en haut du mât avant de partir ! Quelques dauphins nous accompagnent.

Mon frère et moi sommes de quart cette nuit pour remplacer un équipier malade. On est super contents !

18 juin

Le quart s'est bien passé. Jason et moi sommes très fiers. L'observation du matin et de midi montre que nous sommes 26 milles au sud de la route prévue, probablement à cause du courant du Gulf Stream. À 1 209 milles d'Ambrose, notre point de départ, et à 1 700 milles de Falmouth en Angleterre, notre destination : presque au milieu du voyage ! Tout l'équipage est très enthousiasmé par cette nouvelle et nous hissons donc le spi, une grande voile qui vient en plus du foc, ce qui nous fait gagner 2 nœuds en vitesse.

Nous croisons cinq baleines à bosse plus grandes que le bateau. Elles se dirigent vers l'ouest. Nous changeons de cap pour rester à l'écart, par prudence.

19 juin

Notre position est confirmée par un cargo qu'on a croisé. Étonnement général à bord pour l'extrême précision de la navigation !

21 juin

Une centaine de baleines pilotes nous suivent pendant une demi-heure. C'est magnifique mais elles nagent un peu trop près de nous par moments. Nous connaissons beaucoup d'histoires de voiliers renversés ou coulés par des baleines et c'est un soulagement de les voir s'éloigner.

23 juin

Nous apercevons ce matin un fulmar (un gros oiseau marin). Observation de midi : nous sommes à 915 milles du cap Lizard en Cornouailles.

24 juin

Baromètre stable mais peu de visibilité et vent mollissant. Pas de possibilité d'observation car le soleil est caché. Nous naviguons à l'estime.

27 juin

Le bateau avance bien sous spi dans un brouillard à couper au couteau.

Nous entendons une corne de brume vers le nord-est et appelons sur la VHF. Un cargo grec nous répond et nous distingue sur l'écran de son radar. Il nous donne sa position, le cap et notre distance par rapport à lui, ce qui nous positionne un peu plus près de notre but que nous ne le pensions.

28 juin

Tout l'équipage a droit à quelques litres d'eau chaude pour se laver. Ce que nous n'avions pas pu faire depuis le départ… Ce n'est pas du luxe !

29 juin

6 heures : Le vent a tourné – tout l'équipage est sur le pont pour affaler le spi qui a servi non-stop depuis soixante heures.

10 h 45 : Le cap Lizard est visible à 18 milles : c'est le point le plus au sud de la Grande-

Bretagne, point de départ ou d'arrivée pour la traversée de l'Atlantique.

14 h 06 : Nous passons le cap Lizard après 19 jours, 23 heures et 37 minutes de traversée de l'Atlantique Nord, depuis Ambrose Light à New York.

Je suis heureuse de mettre pied à terre après cette longue traversée ! Mais la mer me manque déjà : pourvu que nous repartions bientôt…

Et trois ans plus tard, mon rêve se réalise : nous repartons à l'aventure, en famille plus deux amis, pour une autre traversée, Canaries-Puerto Rico (dans les Caraïbes). Déménagement à nouveau ! Cette fois, j'ai douze ans. Mon frère et moi, nous faisons vraiment partie de l'équipage.

L'année suivante, je fais ma rentrée dans un pensionnat près de Londres, mais nous passons toutes nos vacances à Puerto Rico, île où travaille mon père. Il y a là une femme géniale qui, avec ma mère, monte un club de voile pour les jeunes. Elles récupèrent de vieux dériveurs des Jeux Panaméricains qui traînaient dans un container, qu'elles se mettent à retaper. Jusqu'à mes seize ans, je sors en mer sur ces bateaux simples, robustes, que l'on peut diriger seul sans difficulté. J'adore ça. Je n'étais pas une petite fille particulièrement téméraire, je ne suis pas une adolescente particulièrement rebelle (juste normalement rebelle !) : je suis comme les autres, ni plus ni moins. J'aime naviguer, c'est tout.

À cette époque mon frère fait aussi beaucoup de dériveur, mais il ne choisira pas d'en faire une carrière, même si je crois qu'il aurait bien aimé ça. Il faut dire que c'est un métier qui ne rapporte pas beaucoup d'argent, qui exige énormément de travail, d'entraînement et qui est très prenant !

Pendant mes années de lycée, entre seize et dix-neuf ans, je ne navigue pas. Puis je suis reçue à l'université de Cambridge. Et par chance, il y a là aussi un club de voile ! J'intègre l'équipe féminine et j'en deviens capitaine pour ma dernière année. Quand je ne suis pas sur l'eau, j'étudie… le japonais car mes parents ont à nouveau déménagé et se sont installés au Japon.

J'ai très envie de devenir navigatrice, mais mon père me conseille prudemment d'apprendre un autre métier. Il estime que c'est une vie aléatoire, risquée… On n'est jamais à l'abri d'un accident et tout peut s'arrêter d'un coup. À cette époque, il n'y a pas de sponsors, ou peu de sponsors, gagner sa vie ainsi est très difficile. Et pour me dissuader complètement, il me dit : « Très bien, Miranda, mais alors ne me demande pas d'argent ! » Et sans argent, ce choix devient impossible. Oui, vraiment, il vaut mieux que je trouve un job…

Mon diplôme de Cambridge en poche, je me fais embaucher dans une agence de publicité à Tokyo. Rien à voir avec la mer ! Cela me permet quand même de naviguer de temps à autre avec mon père sur son dériveur. Nous participons à des courses et nous remportons le championnat national du Japon en International 14 : quelle fierté !

Quelques années plus tard, à Key West, en Floride, je traîne comme je le fais souvent sur les pontons d'où partent les régates. Et là, miracle ! Je suis embauchée par un équipage, avec qui j'embarque pour une semaine de course ; nous sommes dix à bord et… nouvelle victoire !

Après ce succès, je suis engagée pour la régate suivante, puis de nouveau pour la suivante, qui se déroule aux Antilles. Et de fil en aiguille, je deviens responsable du bateau la saison suivante. Responsable d'un bateau, c'est un travail à part entière… Il faut vérifier que le bateau est en état de naviguer, que les voiles sont correctes, qu'il n'y a pas de trou dans la coque, que l'électronique fonctionne, et mille autres choses. C'est une super école ! J'apprends tout sur le tas, j'acquiers de l'expérience.

Deux ans plus tard, en 1998, je fais un essai sur un maxi multicoque avec un équipage féminin pour le Trophée Jules-Verne. C'est un défi nautique qui récompense le tour du monde à la voile le plus rapide réalisé en équipage, sans escale et sans assistance. Les concurrents doivent parcourir la distance minimale orthodromique (entre deux points), soit 21 760 milles marins ou 40 300 km sur des navires propulsés par la seule force du vent. Le Trophée doit son nom au célèbre roman de Jules Verne, *Le Tour du monde en quatre-vingts jours*. Nous sommes devant le record avec Tracy Edwards, sur notre catamaran *Royal&SunAlliance* lorsque, hélas, nous démâtons au large du cap Horn, dans le Sud Pacifique, au point Nemo, le point de l'océan le plus éloigné de toute terre émergée. C'est rageant. J'aurais tellement aimé que nous gagnions ! Un équipage de femmes qui remporte une si belle course de vitesse, nous aurions prouvé que c'était possible…

Après cette course, tout bascule !

Je décide de changer de cap, si je puis dire, et de faire de ma passion mon métier. Je veux devenir navigatrice professionnelle. Et je fais de super courses. J'ai de la chance et je remporte de nouvelles victoires. Ainsi, en 1999, je participe à la Transat Jacques-Vabre avec Emma Richards et on finit premières ! En 2002, je termine à la 8e place de la Route du Rhum. Au fil des années, je navigue sur plusieurs supports différents sur beaucoup de courses. En 2010, je commence à travailler à la construction de bateaux avec mon compagnon, Halvard Mabire, un merveilleux navigateur. En 2012, Halvard et moi, à bord de notre bateau *Campagne de France*, nous remportons la Transat Québec-Saint-Malo, la seule course transatlantique d'ouest en est, sans escale, en équipage, en Class40[1]. Tous les ans, j'enchaîne ! Parce qu'il faut le dire, le meilleur entraînement pour naviguer est de naviguer.

---

1. Class40 : Classe de voiliers de course et de croisière faisant 40 pieds, soit 12,19 m de long.

Bien sûr, quand on n'est pas sur la mer, il faut s'entretenir et s'entraîner. Moi je fais essentiellement du rameur, de la musculation, du vélo. La navigation, c'est un sport très physique, les mouvements du bateau sont violents, le matériel est incroyablement lourd, les voiles pèsent un âne mort ! On a vite fait de se blesser. Quand je suis à bord, je ne quitte jamais mes genouillères et je porte souvent un casque quand je rentre à l'intérieur.

Cette année, je relève le grand défi du Vendée Globe, la course en solitaire la plus prestigieuse au monde… mais aussi la plus difficile. Mon premier objectif est de figurer sur la ligne de départ. Cela exige des mois, des années de préparation. Il faut s'entraîner, bien sûr, mais aussi trouver l'argent. Mon second objectif est de figurer sur la ligne d'arrivée, et il y a fort à parier que cela va me prendre trois mois pour y parvenir ! Il va falloir tenir le coup. Je n'ai pas un bateau capable techniquement de remporter la course, je crois ; il n'est pas équipé de foils par exemple, ces ailerons qui dépassent de la coque et qui permettent d'atteindre des vitesses vertigineuses. C'est beaucoup trop cher. Mais j'espère bien franchir la ligne d'arrivée. Ce serait une belle victoire !

Si cette préparation est très excitante, j'éprouve aussi de l'appréhension, évidemment. Il faut toujours avoir en mémoire que la puissance de la mer est gigantesque. Un mètre cube d'eau (ce n'est pas grand-chose) pèse une tonne, alors quand il s'abat sur le pont du bateau, on le sent ! Et puis il fait froid, parfois on ne distingue rien tant il y a de brouillard… À bord, il faut veiller en permanence à ce que rien ne casse, ne pas se blesser, s'assurer que le pilote automatique fonctionne. Il faut tout le temps rester sur le qui-vive et anticiper ; on n'est jamais à l'abri d'une mauvaise surprise, même si on récupère régulièrement des informations météo. Il faut être tout à la fois navigatrice, électricienne, stratège, savoir escalader le mât et régler les voiles… C'est dingue ! Mais cela en vaut la peine.

Pour moi, la mer est le dernier véritable espace de liberté qu'il reste à l'homme. La sensation que l'on éprouve en naviguant est unique au monde. On est tout petit sur l'océan, c'est magique et unique de vivre des nuits étoilées, ou des nuits sans lune, lorsque les dauphins dansent autour du bateau et que la mer devient phosphorescente…

On est vraiment seul au milieu des éléments. Pendant le Vendée Globe, je n'aurai que peu de manières de communiquer avec la terre. Durant des semaines, seul sur son bateau, on ne parle quasiment à personne ; moi, cela ne me gêne pas. Physiquement, c'est très, très, dur. Il faut apprendre à maîtriser son stress et j'ai l'avantage d'être expérimentée. Je sais gérer ma course, en la divisant dans ma tête en petites étapes, qui sont autant de victoires à chaque fois que je les remporte. Sinon la course m'apparaîtrait trop impressionnante, insurmontable. Quand l'angoisse monte en moi, en bonne Anglaise je me prépare un thé avec un nuage de lait et hop! Ça repart…

Le Vendée Globe représente le plus grand défi de ma vie, je le sais, mais c'est mon choix et j'ai la chance d'être bien entourée. Par ma petite équipe mais aussi par les membres de ma famille, qui sont mes premiers fans. C'est à eux que je penserai, quand je serai seule au milieu de l'océan, et à cette toute première traversée de l'Atlantique en famille qui a été fondatrice pour moi.

Miranda Merron

2020, Vendée-Arctique-Les Sables d'Olonne, 17e – Campagne de France.

2019, Transat Jacques-Vabre, 23e – Campagne de France.

Rolex Fastnet Race, 15e – Campagne de France.

Bermudes 1000 Race, 13e – Campagne de France.

Défi Atlantique, 4e Class40 – Campagne de France.

RORC Caribbean 600, 4e en Class40 – Campagne de France.

2018, Route du Rhum, 13e en Class40 – Campagne de France.

2017, Rolex Fastnet Race, 3e Class40 – Campagne de France.

2016, RORC Transatlantic Race, 1ère Class40 – Campagne de France.

2014, Route du Rhum, 6e Class40 – Campagne de France.

2014, Championnat Class40, 1ère – Campagne de France.

2013, Les Sables-Horta, 3e Class40 – Campagne de France.

2012, Transat Québec-Saint-Malo, 1ère Class40 – Campagne de France.

2009, Round Britain & Ireland World Record – Aviva (Dee Caffari).

2008, The Transat, 7e Class40.

2007, Fastnet Race, 1ère Class40.

2002, Route du Rhum, 8e IMOCA.

Volvo Ocean Race – legs 4-9 from Auckland to Kiel (navigator).

2000, RORC Round Britain Race, 1ère – Pindar.

1999, Transat Jacques-Vabre, 1ère avec Emma Richards – Pindar.

1997, Cowes-Saint-Malo, Record du Monde avec Tracy Edwards (Royal Sun Alliance).

© François van Malleghem

© François van Malleghem

Table des matières

PAPIER À BASE DE FIBRES CERTIFIÉES

RAGEOT s'engage pour l'environnement en réduisant l'empreinte carbone de ses livres.
Celle de cet exemplaire est de :
650 g éq. CO_2
Rendez-vous sur www.rageot-durable.fr

Achevé d'imprimer en Espagne en septembre 2020
par l'imprimerie Macrolibros (Valladolid)
Dépôt légal : septembre 2020
Numéro d'édition : 7642 – 01
Numéro d'impression : 5358